네 명의 완벽주의자

내 안의 완벽주의로
더 행복한 나를
만드는 법

이동귀 · 손하림 · 김서영
(연세대학교 상담심리연구실) 지음

네 명의 완벽주의자

Four Perfectionists

흐름출판

프롤로그

지금, 완벽주의를 살펴봐야 하는 이유

상담심리학자로서 필자는 오랫동안 완벽주의를 연구하고 학교와 기업 등 다양한 장면에서 상담과 강의를 해왔다. 필자가 완벽주의에 관심을 갖게 된 이유는, 완벽주의 성향을 가진 이들이 생각보다 주변에 많다는 사실을 깨닫게 되었기 때문이다.

그중에는 완벽주의를 잘 활용해 탁월한 성취를 이끌어낸 사람도 있고, 스스로의 완벽주의 성향 때문에 괴로워하는 사람도 있었다. 실제로 필자가 속한 연세대학교 상담심리연구실에서 한국인 511명을 대상으로 설문조사를 한 결과, 응답자 두 명 중 한명 이상(전체의 53.62퍼센트)이 완벽주의적인 성향을 지닌 것으로 밝혀졌다.

사실 완벽주의 성향은 우울과 관련성이 높다. 뉴스를 통해 우울증으로 인해 벌어진 안타까운 사례들을 접할 때마다, 세상에 저렇게 많은 사람들이 마음의 병을 가지고 있구나 하는 생각에 마음이 무거워지고, 심리학자로서 우울감에 빠진 사람들에게 어떤 도움을 줄 수 있는지를 고민하게 되었다. 많은 내담자들과 상담을 하고, 기업 강연을 통해 직장인들과 이야기를 나누면서, 완벽주의를 명확하게 알리는 것이 많은 이들의 심리 건강을 유지하는 데 도움이 될 수 있다고 확신하였다.

긴 인생을 살아가면서, 누구나 한번쯤은 심리적 어려움을 겪을 수 있다. 다만 누군가는 이런 어려움을 하나의 지나가는 과정처럼 겪고 넘어갈 수 있는 반면, 누군가는 아주 오랜 시간 부서진 마음으로 인해 큰 고통을 겪는다. 그리고 그 근원적 원인의 한 부분에는 완벽주의가 자리하고 있다. 사실, 완벽주의가 만들어내는 부정적 측면에 갇혀 괴로워할수록 우울증을 겪을 가능성이 커진다는 것은 이미 여러 연구 결과를 통해 확인된 바 있다. 하지만 아직 대중적으로는 잘 알려져 있지 않다.

완벽주의와 우울증의 관계

우울감을 겪는 사람들은 주로 슬픈 기분, 피로감, 수면과 식욕 관련 불편감, 무망감, 염세주의적인 생각에 빠져 고통받는다. 또한 좌절과 상실 그리고 실패와 관련된 에피소드를 자주 이야기한다. 가만히 들어보면 이들이 공통적으로 완벽주의, 즉 '뛰어나게 잘해야 한다' '단 하나라도 실수하면 안 된다'와 같은 생각을 하는 경우가 많다는 것을 알 수 있다. 그래서 우울증을 이해하려면, 심리의 근원에 자리 잡은 완벽주의를 정확하게 이해하는 것이 중요하다.

영국의 저명한 인지행동치료자인 로즈 샤프란Roz Shafran 박사와 동료들은 완벽주의자가 우울해지는 메커니즘을 다이어트를 하는 사람들을 예로 들어 설명했다.

완벽주의자들은 체중을 감량할 때 목표를 지나치게 높게 세우기 때문에 실패할 가능성이 크다. 그리고 실패하게 되면 자신을 비난하고 결과적으로 우울감에 빠지게 된다. 그런데 흥미로운 점은 이들이 때로 목표를 달성한 이후에도 그다지 기뻐하지 않는 모습을 보인다는 것이다. 기뻐하기는커녕 오히려 자신이 '목표를 너무 낮게 잡은 것은 아닌지' 의심하고 다음에는 목표를 더욱더 상향조정한다고 한다. 이런 연쇄적 행동은 결과적으로 실패로 이어질 수밖에 없고, 그에 따른 우울을 경험하는 것은 필연이 된다. 이런 사람들이 바로 '불행한 완벽주의자'이다.

불완전한 인간이 완벽을 추구한다는 것 자체가 어쩌면 이율배반적인 것인지도 모른다. 그러나 탁월함과 긍정적인 성취를 지향하는 것은 인간을 앞으로 나아가게 하는 강한 원동력이 된다. 대중의 사랑과 관심을 원하는 유명인들 또한 완벽함을 추구하는 경우가 많은데, 완벽을 갈망하는 완벽주의자일수록 사회적 인정에 크게 좌우되며 타인의 반응이 기대에 미치지 못할 때 심리적으로 크게 타격을 입게 된다. 비단 유명인뿐만 아니라, 우리 주변에도 완벽주의로 인해 크고 작은 문제(꾸물거림증, 강박장애, 섭식장애 등)를 겪는 사람들이 많다.

스스로가 완벽하지 않다는 것을 인정하지 못하거나, 완벽을 추구하기 위해 삶의 많은 부분을 포기하는 경우도 많다. 또한 '나는 이것밖에 안 되는 사람인가' 하는 생각으로 스스로를 끊임없이 비난하는 악순환에 빠져 있는 사람도 적지 않다. 이것이 우울증으로 이어지고, 깊은 우울이 안타깝게도 극단적인 선택으로 이어지기도 한다. 다행히 극단적 선택까지 가지는 않더라도 심리적으로 크게 위축되는데, 이러한 좌절감은 한 인간의 삶의 질에 지대한 영향을 미치게 된다.

한국형 완벽주의자를 위한 효과적인 지침

시중에는 우울한 이들을 위로하고 낮은 자존감을 북돋워주는 좋은 책들이 아주 많다. 이 책들이 전하는 위로를 통해 마음의 평안을 얻는 것 또한 삶의 질을 높이는 데 도움이 될 것이다.

하지만 이 책은 위로보다는 실질적 연구와 데이터를 기반으로 완벽주의가 무엇이고, 어떻게 극복할 수 있는지를 좀더 명쾌하게 다루는 안내서로서 꾸며져 있다. 심리학자이자, 연구자, 상담심리학 박사로서 실용적 팁을 통해 삶을 실질적으로 변화시킬 수 있는 방법을 제시하고 싶었고, 이제는 우울증 그 자체보다 우울증을 유발하는 보다 근원적인 성향인 완벽주의에 대한 과학적 이해가 중요한 시점이라고 판단했기 때문이다.

그래서 이 책에는 따뜻한 공감과 위로보다는 완벽주의에 관한 체계적인 연구결과와 정확한 데이터를 통해 도출된 분석, 그리고 이해를 돕는 사례가 더욱더 많이 담겨 있다. 또한 한국인을 대상으로 실시한 연구 조사 결과를 바탕으로, 완벽주의를 제대로 이해하고 활용할 수 있는 지침과 함께 한국인에게 적합한 완벽주의 극복 방법을 제시했다. 또한 전문 연구에 활용했던 완벽주의 진단검사 질문지를 수록해 독자 스스로 자신의 완벽주의를 점검해볼 수 있는 기회도 제공하고자 한다.

필자로서 이 책을 통해 바라는 바가 있다면, 모쪼록 이 책이 완벽주의에 대한 정확한 지식을 전달해 독자 자신은 물론 주변 사람들의 행동과 심리를 이해하는 데 실질적인 도움을 주는 것이다. 그리고 이를 통해 독자 모두가 더 나은 관계를 맺고, 더 행복하게 삶을 살아갈 수 있도록 돕는 발판이 되는 것이다. 독자가 스스로의 완벽주의 성향을 이해하고 그에 걸맞은 해결책을 찾아 심리적 문제를 해소할 수 있다면, 누구보다도 성공적이고 '행복한 완벽주의자'로 거듭날 수 있으리라 확신한다.

마지막으로 이 책의 출간을 위해 애써주신 흐름출판 관계자들과 추천의 글을 써주신 분들께 깊은 감사의 말씀을 전하고 싶다. 또한 공저자인 손하림, 김서영 선생과 함께 고민하고 작업했던 많은 시간들을 소중하게 생각한다. 저자들을 성원해준 가족 및 지인들께도 감사의 마음을 전한다.

2021년 2월

필자 대표 이동귀

제 1 장

완벽함을 꿈꾸다
지쳐버린 사람들에게

완벽주의자를 위한
완벽주의 살펴보기

완벽하고 싶은 게
죄는 아니잖아요

...

누구나 뛰어난 사람이 되고 싶어 한다. 발전하고 성장하려는 열망은 인간의 본능이기 때문이다.[1] 잘하고 싶고, 성공하고 싶고, 제대로 하고 싶은 마음에 우리는 완벽함을 꿈꾼다. 어떤 분야에서 특출한 사람을 보면 나도 저 사람처럼 되면 얼마나 좋을까 생각하고, 완벽에 가까운 작품을 보면 경외감을 느낀다. 이렇게 인간은 탁월함을 선망해왔고, 완벽을 위한 노력을 멈추지 않았다.

"완벽함은 이룰 수 없지만 완벽을 추구하면 탁월함을 얻을 수 있다."

— 빈스 롬바디Vincent Lombardi, 전 미국 내셔널 풋볼리그NFL 총재

완벽을 추구하는 것은 문화나 인종과는 상관없는 보편적인 현상이다. 어디에나 만족하기 어렵고 '무결점'을 추구하는 사람들이 있다. 대개 완벽주의자들은 뛰어난 사람들이고, 목표한 일에는 열정적인 노력을 기울여 훌륭한 성과를 이끌어낸다.

특히 행복한 완벽주의자들은 완벽주의 성향과 자제력, 유능함, 유연성 같은[2] 강점을 활용해서 성취를 이룬다. 원하는 결과를 얻었을 때 완벽주의자들은 자신의 성취를 마음껏 기뻐하고, 깊은 만족감을 느낀다. 하지만 이러한 완벽주의의 긍정적인 측면에도 불구하고, 완벽주의에는 사람들에게 심리적 고통을 안겨주는 부정적인 측면도 다수 포함되어 있다.

언젠가 한 외국인 연구자가 빨리빨리 문화 속에서 살아온 한국인이야말로 완벽주의 성향을 가질 수밖에 없는 환경에 있는 것 같다고 말한 적이 있다. 가령 1분당 걸음 수만 살펴봐도 한국인은 여타 외국인과 큰 차이를 보인다. 1분당 걸음 수도 국가에 따라 다른데,[3] 가령 미국인은 분당 평균 25걸음, 영국인은 평균 29걸음, 그리고 일본인은 평균 35걸음을 걷는다고 한다. 한국인은 어떨까? 놀랍게도 1분에 평균 56걸음이나 걷는다고 한다. 거의 1초당 한 걸음을 걷는 셈이다.

그래서일까? 외국인들 사이에는 출입국심사를 받을 때 한국인 무리 뒤에 서는 것이 가장 빨리 입국심사대를 통과하는 방법이라는 웃지 못할 속설까지 있다고 한다.

한국인의 '빨리빨리' 문화는 가히 독보적이다. 이러한 '빨리빨리' 문화의 이면에는 자원이 제한된 경쟁 사회에서 앞서가야 한다는 의지와 가만히 있다가는 누군가에게 추월당할지도 모른다는 불안감이 동시에 자리 잡고 있다. 한국을 흔히 '치열한 입시 경쟁 사회'라고 하는데, 최근 입시방식이 다양해졌다곤 하지만 여전히 단 한 번의 입시 결과가 이후의 인생을 크게 좌우할 가능성이 크다는 현실은 바뀌지 않았다.

이런 상황에서 부모가 자녀의 학교 시험 일정을 꿰뚫고 있고, 시험 때만 되면 자녀만큼 긴장하는 것도 어쩌면 자연스러운 현상일지 모른다. 심지어 사회생활을 하는 자녀의 주변을 맴돌면서 온갖 참견을 다 하는 소위 '헬리콥터맘'에 대한 이야기도 들린다. 이들은 직장인 자녀의 경력관리와 부서배치에도 관여한다고 할 정도로 자녀의 성공을 위해서라면 모든 수단을 강구한다. 실패가 아닌 완벽한 미래를 만들어주고 싶은 부모로서의 욕심인 것이다.

의도가 나쁘지는 않겠지만, 이런 사회 분위기와 부모를 비롯한 주변의 기대 섞인 과도한 간섭 등이 혼합돼 전달될 때, 그것을 받아들여야 하는 사람에게서 완벽주의 경향이 강화되는 현상이 발생하기도 한다. 그리고 많은 경우 이렇게 만들어진 완벽주의는 스스로를 고통스럽게 만드는 방향으로 발현될 가능성이 크다.

어떤 나라, 어떤 사회, 어떤 조직에서든 성공에 대한 압력이 크고 실패를 용인하지 않는 경향이 강하면 그 구성원이 느끼는 실패에 대한 두려움도 함께 커지기 마련이다. 동서양을 막론하고 경쟁적인 분위기가 만연한 조직이 바로 프로 스포츠계다. 프로의 경지에 오르기 위한 과정은 너무나 고되고 자신의 능력을 보여줄 기회는 극히 제한적이기 때문에, 기회가 찾아왔을 때 완벽한 경기를 펼쳐야만 한다는 부담감이 엄청나다.

작은 실수로 승리를 놓친다면 그동안의 모든 노력이 물거품으로 변할 것은 물론 자신에 대한 기대 또한 엄청난 실망으로 바뀔 것을 알기에, 경기에 임하는 선수는 절대 패배해서는 안 된다는 위기의식으로 중무장하게 된다.

이러한 부담감과 두려움은 프로 선수에게만 국한된 것은 아니다. 영국의 어린 스포츠 꿈나무들(평균나이 15.64세)을 대상으로 한 조사에서 드러났듯, 특히 성공해야 한다는 주변의 압력으로 인해 완벽주의 경향을 갖게 되었을 경우 스트레스가 너무 심해 스포츠 자체에 대한 즐거움을 거의 느끼지 못하고 심한 경우 '번아웃burnout(소진)' 상태에 놓이게 된다고 한다.[4]

이렇듯 경쟁이 치열한 분위기 속에서 사람들은 자의든 타의든 완벽주의를 추구하게 되며, 일정 이상의 성과를 내야 하거나 평가를 받아야 하는 상황에서 심리적으로 취약한 모습을 보이게 된다.

남보다 잘 해내야 한다,
절대로 실수하면 안 된다,
완벽해야 한다.

필자들이 속한 연세대학교 상담심리연구실이 한국인 성인 (20~60세) 511명을 대상으로 조사한 결과, 완벽주의 성향을 가진 것으로 드러난 응답자가 전체 응답자의 53.62퍼센트를 차지하는 것으로 나타났다. 이는 성인 두 명 중 한 명은 완벽주의적인 성향을 갖고 있다는 의미로, 상당히 높은 수치다.

또, 취업포털사이트 잡코리아가 한 출판사와 함께 남녀 직장인 1,176명을 대상으로 설문조사를 실시한 결과, '직장에서 완벽주의를 추구한다'는 응답자가 무려 전체의 67.2퍼센트나 되고, '완벽주의가 업무 성과를 높인다고 생각하는가?'라는 질문에 '그렇다'고 대답한 비율 또한 전체의 61.3퍼센트로 과반이 넘는 것으로 조사됐다.[5] 이는 직장인 10명 중 7명 가까이가 완벽함을 추구하고, 완벽주의가 성과에도 긍정적 영향을 미친다고 인식하고 있음을 말해준다.

여기서 한 가지 주목할 점은 '완벽주의로 인해 행복해진다고 생각하는가?'라는 질문에 무려 75.9퍼센트의 직장인이 '아니다'라고 답했다는 점이다. 절반 이상의 직장인이 완벽주의가 완벽함을 추구하고 성과를 높이는 데 도움이 된다고 생각하면서도, 정작 행복으로 이어지지는 않는다고 여긴다는 결과는 아이러니다. 이런 간극을 어떻게 이해해야 할까?

'완벽하다'는 표현은 대부분 긍정적인 의미로 연결된다. 상사나 가족, 친구 등 누구에게나 "완벽한 보고서야" "완벽한 발표였어" "오늘은 완벽하게 멋진데" "넌 정말 완벽해" 같은 말을 들으면 기분이 좋아지고, 어깨가 펴진다. 생각만 해도 기분 좋아지는 결과가 돌아올 것을 상상하면, 완벽함을 지향하는 것은 어찌 보면 당연한 욕심일 것이다. 완벽함을 추구하는 것, 그 자체에는 문제가 없다. 문제는 '완벽함'을 위해 스스로에게 과도한 목표를 부여하고, 그것을 달성하지 못할 때 오는 스트레스와 압박을 이겨내지 못하는 상태에 빠지는 데 있다.

과유불급過猶不及, 즉 정도가 지나친 것은 미치지 못함과 같다는 말은 완벽주의에도 해당된다. 상처받지 않고 스스로 통제할 수 있는 선에서만 완벽을 추구하면, 완벽주의는 강력하고 건강한 경쟁력이 된다. 하지만 스스로 만든 완벽함의 잣대에 빠져 현실적으로 구현하기 어려울 정도의 목표를 세우고 자신을 통제하

려 한다면, 그 완벽주의는 몸과 마음 모두에 심각한 상처를 남길
수도 있다.

행복한 완벽주의자 vs.
불행한 완벽주의자

· · ·

자신의 분야에서 뛰어난 업적을 낸 완벽주의자가 있다. 봉준호 감독은 평소 성격은 느긋하고 온화하지만 촬영에만 들어가면 철저한 완벽주의자가 된다고 한다. 작은 디테일 하나까지 세심하게 신경 쓰는 덕에 '봉테일'이라는 별명까지 얻은 그는, 단 한 컷의 장면이라도 본인의 구상과 맞지 않으면 마음에 들 때까지 수십 번을 다시 찍는 것이 일상일 정도로 완벽함을 추구한다고 한다. 그래서 배우와 촬영 스태프 모두 봉 감독과의 작업이 쉽지 않지만 최종 컷에 담긴 완성도를 보면 봉 감독의 스타일을 이해하게 된다고 입을 모은다.

이러한 완벽주의적인 노력 덕분에 그는 '기생충'이라는 작품으로 2019년 한국인 최초로 칸 국제영화제 최고상인 황금종려상을 수상하고 제92회 아카데미시상식에서 작품상과 감독상을 비롯한 6관왕에 오르는 기염을 토하며 세계 영화사에 한 획을 그었다. 자신의 완벽주의 성향을 잘 활용해 더 큰 성취를 이루었을 뿐만 아니라, 세계적 거장의 반열에 오른 봉준호 감독은 '행복한 완벽주의자'의 좋은 예가 될 것이다.

반면, 완벽주의가 비극으로 이어진 경우도 있다. 영국의 외과 의사인 알렉산더 리딩Alexander Reading은 인공 고관절 이식 분야의 권위자로 명성이 자자했고 여러 차례 상을 받기도 한, 명의 중의 명의였다. 그러나 2011년 6월 어느 날 리딩은 자신의 사소한 의료 실수로 안 그래도 위독했던 환자의 상태가 더욱더 악화되자, 자신의 70만 유로짜리 대저택 차고에서 목을 매 자살했다.

이 사건은 영국 사회에 커다란 충격을 안겨주었다. 리딩은 무엇이 부족해서 그런 극단적인 선택을 한 것일까? 그는 자신이 성공으로 이끈 99건의 수술보다 실패했던 단 한 1건의 수술에 대한 극도의 자괴감과 수치심, 죄책감을 견디지 못했다. 완전무결을 지향한 리딩에게 실수란 도저히 용서할 수 없는 오점이었다. 이런 그를 주위 사람들은 '불행한 완벽주의자'라 불렀다.

그렇다면 행복한 완벽주의자는 어떤 특징이 있을까? 확실한 비교를 위해 먼저 불행한 완벽주의자들의 특징을 살펴보자. 이

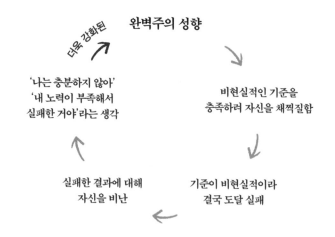

완벽주의 성향의 악순환

완벽주의 성향

더욱 강화된

'나는 충분하지 않아'
'내 노력이 부족해서
실패한 거야'라는 생각

비현실적인 기준을
충족하려 자신을 채찍질함

실패한 결과에 대해
자신을 비난

기준이 비현실적이라
결국 도달 실패

들은 흔히 위의 표와 같은 악순환적인 사고를 하는 경향이 있다.

완벽주의자가 비현실적으로 높은 기준을 추구하다 보면 그에 못 미치는 결과를 맞이하는 경우가 잦을 수밖에 없다. 그런데 이 결과가 지속적으로 '나는 실패자야'라는 자기 비난으로 연결되면 '완벽에 미치지 못하는 나의 결점'을 보완하기 위해 더욱더 완벽주의를 추구하게 되는 악순환에 갇히게 된다.

가령, 하루 24시간을 시간 단위로 쪼개 계획표를 세우고, 이 계획에 맞춰 모든 일이 진행되어야만 완벽한 하루였다고 평가하는 사람이 있다고 해보자. 그런데 타고 있던 택시가 접촉사고를 일으키는 바람에 예상 밖의 시간을 써버려, 그다음 일정이 30분 이상 늦어졌다면 어떨까? 접촉사고가 일어난 것은 스스로 통제할 수 있는 영역 밖의 일인 데다 예상 또한 불가능하기 때문에, 일반인이라면 크게 다치지 않은 것에 안도하는 것이 먼저일 것이다. 그러나 불행한 완벽주의자는 '내가 택시 대신 지하철을 탔다면 문제가 없었을 거야' '내가 게을러서 택시를 탄 거야, 결국 내 잘못이야' 하는 자책에 빠질 가능성이 크다. 이 사람이 생각하는 완벽함의 기준이 정확한 계획 엄수에 있기 때문에, 계획이 틀어진 요인이 외부에서 비롯된 것이어도 스스로에게 비난의 화살을 돌리는 것이다.

완벽주의는 반드시 도달해야 하는 완벽한 상태가 있다는 믿음을 기반으로 작동한다. 이제 그는 더욱더 강화된 완벽주의 성향으로 내일부터는 10분 단위로 시간을 계획해 빈틈없는 하루를 보내겠다는 의지를 불태울지도 모른다. 하지만 그런 강박적인 계획이 완벽하게 달성될 수 있을까? 결코 쉽지 않을 것이다.

그렇다면 이러한 악순환의 고리를 끊고 완벽함의 추구가 행복으로 이어질 수는 없을까? 즉, '행복한' 완벽주의자가 되는 방법은 무엇일까? 이 책을 통해 여러분 자신의 완벽주의 성향과 유형을 잘 파악하고 문제가 되는 부분을 조금씩 바꿔나간다면, 가장 이상적인 완벽주의자의 모습이라고 할 '행복한 완벽주의자'

로 거듭날 수 있을 것이다.

사실, 행복한 완벽주의자는 누구나 될 수 있다. 이 책의 핵심 목표도 완벽을 추구하는 모든 사람이 행복한 완벽주의자로 거듭날 수 있도록 돕는 데 있다. 그렇다면 어떤 사람들이 행복한 완벽주의자일까? 이들은 포부는 크지만 상대적으로 실수에 대한 염려를 적게 하고, 결과가 때로 만족스럽지 않더라도 자신을 과도하게 비난하지 않는 사람들로서, 크게 다음의 세 가지 특징을 보인다.

완벽주의 성격을 특히 목표 달성에 활용하는 사람

행복한 완벽주의자들은 자율적인 측면이 강하고 특히 목표를 달성하려고 애쓴다. 이들은 성공 경험을 꾸준히 쌓아나가며 자신과 삶에 대한 만족감을 높인다. 1991년 리스본대학교 피터 슬레이드Peter Slade 교수 연구팀은 〈완벽주의와 불만족에 대한 실험 분석〉이라는 논문에서 행복한 완벽주의자들의 모습을 '만족스러운 완벽주의satisfied perfectionism'[6]라고 불렀다.

이와 관련해서, 연구자 바니 듀스Barney Dews와 마르타 윌리엄스Martha Williams는 1989년 〈음악 전공 학생들의 성격 유형, 스트레스와 대처 패턴〉이라는 논문을 통해 완벽주의가 음악을 전공하는 고등학생들에게 긍정적인 효과를 미친다는 것을 밝혀냈다.[7] 연구자들에 의하면 예술 분야는 특히 섬세함을 요하고 경쟁적이어서 연구에 참가한 학생들은 대부분 높은 완벽주의적인 성향을 보였다. 그런데 기존에 알려진 완벽주의의 부정적인 측면과 달리, 이들은 자신의 완벽주의적 성격을 목표 달성을 위한 자원으로 활용한 경우에 수행(음악 연주)에 대한 불안, 정서적인 피로 등을 겪지 않았다.

앞서 설명한 것처럼 행복한 완벽주의자는 포부는 크지만 상대적으로 실수에 대한 염려를 적게 한다. 자신의 완벽주의를 활용한 참가자들은 고도의 집중력이 필요한 연주 연습 중에 한계를 느끼거나 슬럼프에 빠졌을 때, 자신의 포부와 목표를 되새기며 스스로를 격려할 수 있었다. 예를 들어 연주곡의 특정 부분에서 실수를 반복해서 '더는 못 하겠다'는 생각이 들 때, 자신의 완벽주의 성향을 활용하여 콩쿠르에서 완벽한 연주를 마쳤을 때의 짜릿한 전율에 초점을 맞추도록 하고 한계를 극복하도록 힘을 북돋웠다. 완벽주의는 늘 더 높은 곳, 더 뛰어난 능력을 향해 발동되기 때문에, 이들은 실제로 더 긴 시간 동안 부단히 연습했고 그 결과 음악 수업에서 더 뛰어난 점수를 받았으며, 대회에서 더 많은 수상을 하였다.

이와는 대조적으로, 완벽주의에 사로잡혀서 '완벽하게 해내지 못할까 봐' 두려워한 참가자들은 이런 긍정적인 효과를 경험하지 못했다. 이들은 노력해서 해냈을 때의 기쁨보다 노력했음에도 불구하고 실패했을 때의 절망감에 초점을 맞추었고, 두려움에 떨다 보니 안타깝게도 더 큰 불안과 피로를 느끼게 돼 본연의 실력조차 제대로 발휘하기 어려웠던 것으로 보인다.

목표 달성 과정을 융통성 있게 조절하는 사람

행복한 완벽주의자들은 모든 면에서 완벽해야 한다는 생각으로부터 비교적 자유롭다. 이들은 너무 버겁다고 느낀다면 잠깐 쉬어갈 줄도 알고, 자신이 노력해도 완벽한 결과를 얻을 수 없는 일에 대해서는 힘을 빼도 괜찮다는 것을 알고 있다. 또한 융통성 없이 모든 일을 완벽하게 해내야 한다는 경직된 생각을 내려놓을 줄 안다. 무조건 열심히 일해야 한다는 압박이 아니라, 필요에 따라 자신의 목표 달성 과정에서 완급을 조절할 수 있는 사람들이다.

위트레흐트대학교의 툰 타리스Toon Taris 교수와 동료들은 2010년 〈왜 완벽주의자들은 다른 사람들에 비해 소진을 경험할 위험성이 큰가?〉라는 논문에서 열심히 일하는 완벽주의자일수록 일중독에 빠지기 쉽고, 결과적으로 자신의 건강과 배우자와의 관계를 돌보지 않아 소진을 경험하게 될 위험이 크다고 경고한 바 있다.[8] 그리고 이런 위험을 높이는 요인이 '자신의 의욕(일에 쏟는 감정 및 에너지의 양)을 상황에 따라 조절하는 기술의 부족'에 있는 것으로 나타났다. 따라서 행복한 완벽주의자가 되기 위해서는 의욕을 무조건 최고조로 유지하는 것이 아니라, 상황에 따라 융통성 있게 조절하는 법을 배우는 것이 중요하다.

실패를 긍정적으로 재해석할 줄 아는 사람

행복한 완벽주의자는 때로 실패를 경험하더라도 그 탓을 자신에게 돌리는 자기 비난 행동을 하지 않는다. 오히려 실패한 결과에서도 긍정적인 의미를 찾아내는 능력이 탁월하다.

켄트대학교 요아힘 스토버Joachim Stoeber 교수와 브레다대학교 더크 얀센Dirk Janssen 교수는 2011년 〈완벽주의와 일상생활 속의 실패에 대한 대처〉라는 논문에서 대학생들을 대상으로 최장 2주간 매일 자신의 '실패 경험,' '실패에 대처한 방법,' '하루에 대한 만족감'을 일기로 기록하게 했다.[9] 특히 여러 실패 경험 중에서 가장 신경 쓰이는 것을 한 가지 선정하게 하고, 참가자들이 이를 '어떻게' 극복하려고 했는지를 조사했다. 참가자들이 보고한 실패 경험의 1위는 '일(학업)'이었고 '대인관계'와 관련된 실패 경험이 그 뒤를 이었다.

눈여겨볼 부분은, 행복한 완벽주의자일수록 실패라는 쓸쓸한 경험을 회상하면서 자신을 탓하는 방식을 덜 택하고, 실패를 긍정적으로 재해석하려는 대처 전략을 더 많이 사용했다는 점이다. 이들은 실패에 대한 긍정적인 재해석 덕분에 일상에 대한 만족감이 더 큰 것으로 확인되었다.

이에 비추어보면 완벽주의자가 높은 기준을 유지하면서도 자기 비난의 악순환에 빠지지 않는 비결은 목표를 달성하지 못했을지언정 이에 대해 회상할 때 가능한 한 새롭고 긍정적인 의미를 부여하는 데 있다. 예를 들어, "시험에서 만점을 받은 것은 아니지만, 유난히 헷갈렸던 그 문제를 푸는 데는 성공했어!" "발표하면서 말을 좀 더듬기는 했지만 전하고자 했던 중요한 포인트를 빠짐없이 전달했어!"처럼 말이다.

완벽주의를 해석하는
다섯 가지 시각

...

완벽주의 성향을 가지고 있다는 건 어떤 뜻일까? 앞서 살펴본 것처럼 완벽주의는 '탁월함의 추구'라는 긍정적인 측면과 '부정적 평가 및 실패 회피'라는 부정적인 측면을 동시에 가지고 있다. 더 구체적으로, 역대 완벽주의 연구들을 살펴보면 '완벽주의'를 해석하기 위한 다섯 가지 대표적인 시각이 존재한다. 현재까지도 완벽주의를 연구하는 심리학자들은 이 다섯 가지 중 하나를 택해서 다양한 연구를 진행하고 있다. 완벽주의를 좀 더 확실하게 이해하는 차원에서 한번 살펴보도록 하자.

첫째, 스탠퍼드대학교 의과대학 겸임교수이자 베스트셀러 《좋은 기분: 새로운 기분 치료Feeling good: The new mood therapy》의 저자인 데이비드 번스David Burns는 우울증 환자에 대한 자신의 풍부한 상담 경험을 바탕으로 1980년에 〈완벽주의자의 자기 패배적인 각본〉[10]이라는 논문을 출간하였다. 이 논문에서 그는 완벽주의를 다음과 같이 정의하였고, 이는 완벽주의의 부정적인 측면에 초점을 맞춘 것으로 평가받는다. 번즈의 설명에 의하면, 완벽주의는 달성하기 어려운 높은 기준을 세우고 이를 강박적으로 성취하려고 하며 오직 그 결과에 따라 스스로의 가치를 평가하는 성격특성이다. 이러한 특성과 잘 어울리는 사례들을 소개하면 다음과 같다.

- 내가 생각한 대로 일이 진행되어야 한다. 그렇지 않으면 엄청난 스트레스를 받는다.
- 나보고 적당히 좀 하라고들 하는데 '적당히'가 잘 안 된다. 실제로 어느 정도면 적당한지를 잘 모르겠다. 그래서 야근을 반복하는 경우가 많은데, 그럼에도 내가 한 일에 만족하기가 어렵다.
- 회사에서 나에게 부여하는 업무에 대해 '못하겠다, 힘들다'라고 말을 못한다. 일감을 받아놓고 스트레스를 받으면서도 또 야근까지 해서 결국 해내는 내 모습이 싫다.
- 회의 준비를 할 때 다른 사람의 세 배 이상 준비한다. 남보

다 더 많이 그리고 더 잘해야만 한다. 내 손을 거쳐 가는 서류는 오탈자, 띄어쓰기, 줄 간격 등 고치기를 반복해서 적어도 다섯 번 정도는 수정한다.

둘째, 캐나다의 저명한 완벽주의 연구자들인 고든 플렛Gordon Flett과 폴 휴이트Paul Hewitt는 1991년에 발표한 논문 〈자신 및 사회적 맥락에서의 완벽주의〉에서 완벽주의를 개인적인 측면뿐 아니라 대인 관계적 혹은 사회적인 측면에서도 정의할 필요성을 제안했다. 그리고 이에 기반해 완벽주의를 크게 다음의 세 가지 요소로 설명하였다. 자신에게 매우 높은 기준을 적용하는 '자기지향 완벽주의', 타인에게 완벽함을 요구하는 '타인지향 완벽주의', 자신이 완벽해야만 부모나 사회로부터 인정받을 수 있다고 생각하는 '사회부과 완벽주의'가 그것이다.

이 중 일반적으로 자기지향 완벽주의는 완벽주의의 긍정적인 측면을, 반면 사회부과 완벽주의는 완벽주의의 부정적인 특성을 나타내는 것으로 알려져 있다. 특히 사회부과 완벽주의의 수준이 높을 때 우울과 불안을 포함한 부정적인 심리 증상을 겪는 경우가 많았다. 한편, 타인지향 완벽주의가 긍정적인지 혹은 부정적인지에 대해서는 연구들마다 다른 결과를 보여 아직 확실하게 단언할 수는 없는 상태이다. 각 요소별 해당 사례는 다음과 같다.

'자기지향 완벽주의'

- '나는 완벽주의자인 것 같아'라는 말을 자주 한다.
- 일단 일을 시작하면, 완전히 끝낼 때까지 쉬지 않는다.
- 모든 일에 최선을 다하는 것이 나에게는 중요하다.

'타인지향 완벽주의'

- 할 수 있는데도 스스로 더 나아지려고 애쓰지 않는 사람들을 보면 화가 난다.
- 내게 중요한 타인에 대한 기대가 높다.

'사회부과 완벽주의'

- 일을 잘하면 할수록 "다음번에도 기대할게"라고 말하는 상사의 눈빛이 부담스럽다.
- 잘한다고 칭찬하면서 계속 일을 시키는 상사가 얄밉다.
- 주변 사람들이 계속해서 많은 것을 요구하는데 거절하지 못해 짜증난다.

셋째, 펜실베이니아주립대학교의 로버트 슬레이니Robert Slaney 교수와 당시 박사과정 학생이었던 더글러스 존슨Douglas Johnson은 1992년에 존슨의 박사논문인 〈거의 완벽한 척도Almost Perfect Scale;

APS)[11]에서 완벽주의의 구성 요소를 크게 다섯 가지(높은 기준, 정리 정돈, 불안, 꾸물거림, 대인관계 문제)로 제안하였다.

그 후 추가 연구들이 이어졌고, 현재는 슬레이니 교수와 동료들이 1996년에 발표한 〈거의 완벽한 척도 개정판APS-Revised〉[12]에 의거해, 완벽주의의 구성 요소를 크게 세 가지로 보고 있다. 첫 번째는 '높은 기준', 두 번째는 '정돈(혹은 질서)', 세 번째는 '불일치'이다.

'높은 기준'은 자신의 수행 기준을 높게 설정하는 것이고, '정돈'은 정리 정돈하고 깔끔한 것을 선호하는 경향성, 그리고 '불일치'는 이상적인 자신의 모습과 현실적인 자신의 모습 사이의 괴리감을 의미한다. 이 중 '높은 기준'은 완벽주의의 긍정적인 부분과 관련되고, '불일치'는 완벽주의의 부정적인 부분과 관련되는 것으로 알려져 있다. '정돈' 요소는 대체로 완벽주의의 긍정적인 부분과 약한 정도의 관련성을 보였다. 각 요소별 해당 사례는 다음과 같다.

'높은 기준'
• 내가 하는 모든 일에 최선을 다하려고 한다.
• 탁월함을 추구하려는 욕구가 강하다.

'정돈'

- 나는 정리 정돈을 잘 하는 사람이다.
- 깔끔한 것은 나에게 중요하다.

'불일치'

- 나의 높은 기준을 만족시키는 경우가 거의 없다.
- 나름 최선을 다했지만, 결과가 만족스럽지 않다.

넷째, 토론토대학교의 데이비드 던클리David Dunkely 교수와 커크 블랭스타인Kirk Blankstein 교수는 2000년에 출간한 〈자기 비판적인 완벽주의, 대처, 스트레스와 질병〉[13]이라는 논문에서 완벽주의의 구성 요소를 두 가지로 간략하게 정의하기도 했다. 첫 번째는 '개인적인 높은 기준의 설정', 두 번째는 '부정적 평가에 대한 염려'다.

이 중 부정적 평가에 대한 염려는 실패에 대한 두려움과도 밀접한 관련이 있다. 일반적으로 '개인적인 높은 기준'은 주로 완벽주의의 긍정적인 측면, 그리고 '평가에 대한 염려'는 완벽주의의 부정적인 측면과 관련되는 것으로 나타났다.

다섯째, 미국의 심리학자 랜디 프로스트Randy Frost 교수 연구팀은 1990년에 〈완벽주의의 하위차원〉[14]이라는 논문에서 완벽주의의 구성 요소를 다음과 같은 여섯 가지로 제안했다. 첫째 실수에 대한 지나친 염려, 둘째 정리 정돈 습관, 셋째 부모의 기대, 넷째 부모의 비판, 다섯째 높은 성취 기준, 여섯째 행동에 대한 의심이다. 프로스트 연구팀은 완벽주의 성향이 워낙 '다면적'이어서, 한두 가지 요소만으로 완벽주의의 특성을 모두 포괄하기에는 무리가 있다고 생각했다. 이 여섯 가지 특성을 중심으로 완벽주의자를 바라보면 완벽주의적인 성향이 과거의 어떤 경험에서 비롯되었으며, 현재 일상의 어떤 부분에서 특히 두드러지게 나타나는지 이해하기 쉽다는 장점이 있다. 각 요소별 해당 사례는 다음과 같다.

실수에 대한 지나친 염려

- 실수할까 봐 두려워서 질문하는 것을 꺼리게 되고 다른 사람과 협업할 때도 일 처리가 늦어진다.
- 서식을 하나로 합칠지 아니면 따로 할지 고민하다가 1시간째 모니터만 보고 있다.
- 결과가 안 좋을까 봐 걱정하면서 자꾸 할 일을 미루게 된다. 정작 일을 마치면 성과물은 좋은 편인데도, 계속 미루다가 주변에서 힐난하는 말을 듣거나 경고를 받으면 그냥 손을 놓아버리고 싶은 충동에 사로잡힌다.

정리 정돈 습관

- 집 안은 항상 깔끔하게 정리해야 한다. 다른 사람들의 몇 배의 노력을 들여 청소를 하고 장을 본다.
- 집 앞 슈퍼에 갈 때도 제대로 갖춰 입어야 한다.

부모의 기대

- 부모님은 내 시험 성적을 항상 다른 친구들과 비교하면서 그들보다 나아야 한다고 강조하였다. 최선을 다하지 않으면 꼭 후회할 일이 생긴다는 말과 함께.

부모의 비판

- 부모님은 내 성적이 기대에 못 미치면 "넌 뭘 하든 안 된다"는 말로 자주 혼냈다.

높은 성취 기준

- 자기 관리가 무엇보다 중요하다. 신경을 조금만 안 쓰면 체중이 불어나기 때문에 식단을 엄격히 관리하고, 과식했다고 느끼면 무슨 일이 있더라도 나가서 뛰어야 한다.
- 똑똑한 사람으로 보이고 싶어서 정보 검색을 최대한 많이 한다. 단, 한번에 멋진 보고서를 쓰려고 하니 업무 처리 속

도가 늦어진다.

행동에 대한 의심

- 어떤 행동을 한 후 '잘한 거겠지?' 하는 의심을 되풀이한다.
- 작은 실수 하나도 하루 종일 생각나 자책한다. 어떻게 하면 좀 편해질 수 있을까?

이 책에서는 바로 위에 제시한 랜디 프로스트 교수의 시각을 토대로 완벽주의적인 성격을 구성하는 요소들을 자세히 설명할 것이다. 그 이유는 이 요소들이 완벽주의 성격의 발달적인 측면과 다양한 세부 특성을 가장 잘 반영하고 있기 때문이다.

그런데 서구문화권인 미국의 완벽주의자들로부터 발견한 이상의 여섯 가지 완벽주의 구성 요소를 한국인에게도 그대로 적용해도 될까?

한 문화권 내에서 통용되는 개념이나 요소들을 다른 문화권에 그대로 적용하기 어려울 때가 많다. 대표적으로, 한국인에게 익숙한 "애교"라는 개념은 미국을 비롯한 서양 문화권에서 찾아보기 어려워서, 한국어 음을 그대로 따서 "Aegyo"라고 부를 정도다.[15] 이와 마찬가지로 완벽주의를 바라보는 한국인과 미국인의 시선에는 차이가 있을 수 있고, 완벽주의 성격을 구성하는 요소의 내용과 개수에도 차이가 있을 수 있다. 문화에 따라 완벽주의를 이해하는 방식이 다르다면, 동일한 질문으로 신뢰할 수 있는 답변을 얻기 어렵다.

이러한 문화적인 차이를 고려하고 좀더 한국인에 적합한 완벽주의의 기준을 마련하기 위해 이 책의 대표 필자인 연세대학교 심리학과 이동귀 교수와 동국대학교 교육학과 박현주 교수가 2011년에 함께 연구한 결과,[16] 랜디 프로스트 교수가 제안한 여섯 가지 요소 중 한 가지를 제외한 다섯 가지의 요소가 한국인의 완벽주의를 정의할 때 가장 적합한 것으로 나타났다.

구체적으로 대학생 213명에게 한국어로 번역한 프로스트 교수의 다차원적 완벽주의 척도(질문지)에 응답하도록 하고 응답한 경향을 분석해서 한국인의 완벽주의가 몇 개의 요소로 구성되는지를 살펴보았다. 그 결과 한국인의 경우에는 부모의 '기대'와 '비판'을 서로 다른 요소로 느끼지 않는다는 흥미로운 점이 드러났다. '사랑의 매'라는 표현을 쓰는 것처럼, 한국인들은 부모님의 비판적인 말이나 행동도 성공하라는 기대에서 비롯된 것으로 받아들이는 경향이 있었다.

따라서 이러한 한국인의 특성을 반영해, 제2장에서는 한국인의 완벽주의 요소를 다섯 가지로 나눠 설명할 것이다. 앞에서 언급한 것처럼 이 책의 주요 목적 중 하나는 자신에게 완벽주의적인 면이 있다고 느끼는 사람 그리고 친구나 상사, 가족 중에 완벽주의자를 둔 사람들이 완벽주의의 세부적인 특성을 가능한 구체적으로 이해하도록 돕는 데 있다. 이는 스스로의 완벽주의 성향을 건강한 경쟁력으로 키우고, 타인의 완벽주의 성향을 이해해 좀 더 건설적인 관계를 맺을 수 있는 밑거름이 될 것이다.

완벽주의의
부정적 측면이 불러오는
세 가지 문제

...

앞에서도 언급했던 것처럼, 완벽주의에는 부정적인 측면도 분명 존재한다. 꾸물거림, 강박적인 노력, 극기적인 다이어트라는 세 가지 모습이 대표적이다. 일을 극단적으로 미루다가 확 놓아버리거나, 통제력을 상실할까 봐 두려움에 사로잡혀서 심하게 압박감을 느끼거나, 극한까지 몰아붙이는 다이어트와 폭식을 반복하는 심리적인 어려움을 겪고 있다면, 먼저 내가 완벽주의 성향이 있는지 꼼꼼히 살펴보는 것이 좋다.

꾸물거림 – 높은 기준과 부정적인 자기 평가의 협주곡

'완벽주의자'라는 단어에는 매우 부지런한 사람이라는 의미가 내포되어 있는 듯하다. 완벽주의자는 정해진 시간 내에 빈틈없이 무언가를 달성해내는 사람이라는 선입견이 있기 때문이다. 그래서 많은 사람이 입사 면접 때 자신의 '단점'이 완벽주의라고 답하면서 개인적으로는 너무 괴롭지만 성실하고 책임감이 강해서 조직에 딱 맞는다고 말하기도 한다.

재미있는 것은 일부 완벽주의자들이 보이는 아이러니한 행동 중 하나가 꾸물거림procrastination이라는 것이다. 꾸물거림은 해야 할 중요한 일이 있는데도 차일피일 미루면서 기한이 임박해서야 일을 시작하는 행동을 가리킨다. 실제로 꾸물거리는 완벽주의자들은 '결과물은 좋은데 일 처리가 늦다'는 평을 자주 듣는다. 그래서 누군가는 이들을 두고 백조 같다고 표현하기도 한다.

백조는 수면 위에서는 우아하고 안정된 모습을 보이지만 수면 아래에서는 쉴 새 없이 발장구를 친다. 완벽주의자 또한 수면 위의 백조처럼 우아하고 완벽한 결과물을 만들어내기 위해 하나하나 확인하면서 꼼꼼하게 진행하다 보니, 한번 일을 시작하면 시간이 물처럼 흘러간다. 시간을 많이 들여서라도 완벽한 결과물을 만들어내야 한다는 생각 때문에, 처음에는 주말이고 밤이고 가리지 않고 일을 하지만 어느 순간 기한을 어기고 죄송하다고 사과하는 상황이 벌어진다. 이런 사과가 계속될수록 스트레스는 강해지고 남은 일을 미루게 되고, 그 사이에 챙기지 못한 다른 일이 점점 쌓여 결국에는 과부하에 걸리고 만다. 이 상황에서 느끼는 스트레스 수준이 견딜 수 없을 정도로 커지면, 어느 순간 모든 것을 다 놓아버리는 게 완벽주의자가 보이는 꾸물거림의 악순환이다. 예전에는 부지런하다는 소리를 많이 들었는데, 어쩌다 이렇게 된 걸까?

심리학자 린 알든Lynn Alden과 동료들은 〈사회적 공포 맥락에서의 완벽주의: 2 요소 모델을 향하여〉[17]라는 논문에서 완벽주의자들이 꾸물거리는 원인을 크게 두 가지로 설명했다. 첫 번째는 높은 기준이다. 이 기준에는 '절대 단점을 보여서는 안 된다, 내가 불안하다는 것을 다른 사람한테 보여서는 안 된다'라는 생각이 내포되어 있다. 심리학에서는 이를 수행기대performance expectation라고 하는데, 이는 스스로 높은 기준을 세운 데서 비롯된 것일 수도 있고 다른 사람의 높은 기대에 부응하려는 노력에서 비롯된 것일 수도 있다.

다른 사람의 기준을 완벽하게 맞추기란 현실적으로 어렵다. 무엇을 원하는지, 어느 정도 수준을 바라는지, 어떤 서체를 좋아하는지, 어떤 콘셉트를 원하는지를 하나하나 물어보면서 일을 할 수도 없으니 알아서 만족시키기란 거의 불가능에 가깝다. 이런 상황에서 완벽주의자는 아무리 열심히 해도 상대방이 작은 실수에 못마땅해하거나 비웃을까 봐 걱정을 하게 된다. 이런 두려움 때문에 타인의 인정을 더욱더 추구하고, 거절당하지 않기 위해 특별한 노력을 기울이게 된다.

수행기대가 높으면 우리 몸은 전투태세로 돌입한다. 일종의 불안 프로그램이 작동하게 되는 것인데, 잘하려다 보니 스스로의 행동을 모두 검열하고, 실수를 예방하기 위한 안전행동safety behaviors을 하게 된다. 보고 또 보고, 반복해서 확인하는 것도 일종의 안전행동에 해당한다. 이런 사전 예방 활동이 많아질수록, 할 일이 많아지고 일에 질리게 되기 때문에 결과적으로 더 미루게 된다.

완벽주의자들 가운데 꾸물거리는 경향이 큰 사람은 높은 기준을 달성하려고 애를 많이 쓰는데, 정작 이런 노력은 불안감을 가중시켜 일을 더 지연시킨다. 발표를 할 때도 발음, 말의 속도, 유창성 같은 엄격한 규칙에 의해 움직여야 한다고 생각하고, 다리가 달달 떨리면 떨림을 멈추려고 허벅지에 꽉 힘을 준다. 하지만 안타깝게도 이런 노력이 더욱더 스스로를 불안하게 만들기 때문에, 집중하기가 어려워지고 점점 위축되면서 자신감도 사라져 꾸물거림으로 이어지게 된다. 하지만 높은 기준을 가졌다고 모두 꾸물거리는 것은 아니다. 행복한 완벽주의자들은 높은 기준과 높은 의지를 갖고 있지만 꾸물거리지 않는다.

두 번째로, 꾸물거리는 완벽주의자는 높은 기준에 부정적인 자기 평가까지 더해진 경우에 주로 나타난다. 완벽주의 성향이 높은 사람들의 마음에는 '이렇게 해도 되나? 혹시 너무 요구하는 것처럼 보이나? 잘못됐나?' 같은 의심이 끊이질 않는다. 이런 의심 아래에는 자신에 대한 부정적인 평가가 깔려 있다. '다른 사람들이 나의 단점을 주의 깊게 보고 모든 약점을 파고들면서 평가할 것이다' '내가 하는 일은 너무 못마땅해서 다른 사람들의 기대에 절대 부응할 수 없을 것이다'와 같은 생각을 하는 것이다.

이런 부정적인 자기 평가가 활성화되면 다른 사람의 신호를 잘못 해석하기 쉽다. 예를 들어 완벽주의자 P가 발표를 마무리한 직후에, 상사가 '끝인가요?'라고 질문했다고 하자. 사실 별생각 없이 물어본 것일 수도 있지만, 스스로에 대한 부정적인 생각들이 활성화된 상태에서 P는 '뭐지? 내가 뭘 실수했나? 너무 짧았나? 뭘 빼먹었나? 아, 오늘 망했다'라는 생각에 심장이 쿵쾅대고 온몸에 열이 오르기 시작한다. 상사의 질문이 어떤 의도였는지는 이미 저 우주로 사라져 아무도 모르게 되었다. 식은땀과 함께 짙은 어둠이 스멀스멀 P를 감싼다.

얼마나 빈번하게 부정적인 자기 평가를 하는가의 여부에 따라서, 그 사람은 행복한 완벽주의자가 될 수도 있고 불행한 완벽주의자가 될 수도 있다. 기준이 높은 데다 자신을 비하하는 일이 잦아지면 쉽게 화가 나고, 불안하고, 우울해진다. 하지만 자신에게 엄격한 기준을 세우더라도 부정적인 자기 평가를 하지 않는 사람들은 성취동기가 높고 꾸물거리지도 않는다.[18] 그렇다고 행복한 완벽주의자가 되고 싶다면 애써 자신을 긍정적으로 평가해야 한다는 뜻은 아니다. 그저 부정적으로만 생각하지 않으면 된다. 스스로에게 긍정적 평가를 강요하는 것 또한 건강한 심리상태를 만드는 길은 아니다. 우리가 알리고 싶은 것은, 지나친 완벽주의는 스스로를 자꾸 못난이로 보도록 만들기 때문에 힘든 것이라는 사실이다.

통제력 상실에 대한 두려움 1 - 실수 혐오와 강박증

완벽주의자들은 늘 업무에 시달린다. 이메일을 보내기 전에 적어도 다섯 번은 읽어보고, 보내기를 해놓고도 혹시나 하는 마음에 실행취소 버튼을 눌러서 다시 한번 확인하는 일이 허다하다. 또한 이미 제출한 서류를 다시 읽어보다가 오탈자를 발견하면 뒷목이 뻣뻣해진다. 실수할까 봐 심하게 압박감을 느끼고, 무리를 해서라도 기준에 맞는 수준이 될 때까지 작업을 계속한다. 작은 일도 대충하는 법이 없기 때문에 에너지 소모가 크고 늘 피곤하다. 한국인의 1인당 연간 커피 소비량이 350잔을 넘는 데는 다 이유가 있다.[19]

이런 완벽주의적인 노력은 모든 것을 통제하려는 시도의 일환이다. 예컨대, 안전하다고 느끼고 싶어서 삶의 모든 영역을 통제하는 것과 비슷하다. 미래를 예측하고 대비하는 것은 인간의 본성이지만, 완벽주의자는 내가 통제할 수 없는 부분까지도 통제하고 싶어 한다. 완벽주의자는 내 생각, 감정, 행동을 통제하는 데 그치지 않고, 나에 대한 다른 사람의 생각도 통제하고 싶어 한다. 다른 사람들이 나에 대해 부정적인 생각을 못하도록 막고 싶고,[20] 좋은 인상만 주고 싶기 때문이다.

이런 이유로 완벽주의는 통제 욕구가 높게 나타난 결과라고 말할 수 있다. 이때 통제 욕구가 높은 수준을 넘어 극단적으로 발현되면 심리학 용어로 강박장애Obsessive-Compulsive Disorder로 이어지기도 한다. 강박장애는 강박사고(원하지 않는 생각)와 강박행동(원하지 않는 행동)을 반복하게 되는 불안 증상을 말한다. 완벽주의와 강박장애 사이의 가장 큰 차이점은 목표가 다르다는 데 있다. 강박장애는 통제력을 회복해서 불안을 감소시키는 것이 주목표인 반면, 완벽주의는 완벽하게 해내서 비난을 최소화하는 것이 주목표가 된다.

가령, 직장생활을 막 시작한 신입사원이 업무에 서툰 것은 당연한데도, 완벽주의 성향이 강한 사람은 능숙하게 일하는 '슈퍼신입'이 되고 싶어서 출근 첫날부터 야근을 불사한다. 막 회사를 옮긴 경력직 사원의 부담감은 더 커진다. 아무리 긴 경력이 있어도 새로운 동료들과 새로운 회사에서 일한다는 점에서는 신입사원과 다를 것이 없다. 하지만 조금이라도 허둥대는 모습을 보였다가는 별 볼일 없는 사람으로 보일 수 있다는 걱정에, 빈틈없이 보이기 위해 더욱더 많은 것을 체크하면서 긴장한다. 이 상황에서 큰 스트레스를 받을 것은 불 보듯 뻔한 일이다.

이렇게 완벽함을 강박적으로 추구하게 되는 이유 중 하나는, 실수를 저질렀을 때 발생할 수 있는 결과를 예측할 수 없기 때문이다. 실수는 불확실성을 내포한다. 어떤 실수를 했을 때 관대하게 용서를 받을 수도 있지만, 작은 실수인 것 같은데 해고통지서를 받을 수도 있다. 예측 불가능하면 불안해지고, 뭐라도 해야 안심이 된다. 그래서 실수를 원천 봉쇄하기 위해 공을 많이 들이게 된다.

관용이 없는 사회 상황도 통제력 상실의 두려움에 한몫을 한다. 한국에서 직장을 다녀본 사람이라면 실수를 시인하는 것이 얼마나 어려운 일인지 알 것이다. 실수 자체보다도 실수를 인정하는 것이 훨씬 두렵다. "죄송합니다, 제가 실수했습니다"라고 말했을 때 "아니, 그런 어처구니없는 실수를 해?"라며 질책할 상사의 얼굴을 마주하는 것도 싫지만, 사실은 무능한 사람으로 낙인찍히게 될까 봐 더 걱정한다. 그런데 만약 작은 실수조차 두려워하는 사람의 곁에 따뜻한 멘토가 있다면 어떨까? 수심 가득한 얼굴로 실수를 고백했을 때 침착한 태도로 문제의 발생지점과 해결 방법을 넌지시 알려줄 조언자가 단 한 명이라도 있다면, 그는 자신의 실수를 조금 더 너그럽게 바라볼지도 모른다.

우리는 실수를 어떻게 바라보고 있을까? 그리고 실수에 대해 어떻게 반응하고 있을까? 사실 완벽주의 성향이 높은 사람과 낮은 사람을 실수의 측면에서 비교해보면 실수의 양이나 빈도, 수행 결과에서는 큰 차이가 없다.[21] 말을 잘 못 알아 들고 재차 질문을 하게 될 수도 있고, 깜박하고 서류를 집에 두고 올 수도 있고, 신발을 짝짝이로 신고 나올 수도 있다. 누구나 그런 실수를 할 수 있다. 다만 완벽주의자는 실수를 많이 한다기보다 실수를 더 오래 기억하고 '더 잘했어야 했는데'라는 말을 많이 한다는 점[22]에서 차이가 있을 뿐이다.

완벽주의적 성향이 강한 사람에게 '실수를 하지 않아야 한다'는 신념은 통제력 상실의 두려움을 키우는 데 큰 영향을 미친다. 그 주된 이유는 완벽주의자들은 실수가 곧 자기 자신의 모습

전체라고 생각하는 경향이 강하기 때문이다. 심리학에서는 행동의 원인을 어디에서 찾는지를 귀인歸因, attribution이라고 한다. 실수의 원인을 '타이밍이나 상황이 좋지 않았기 때문'이라고 생각하는 것처럼 외부로 귀인할 수도 있지만 '내 능력이 부족했기 때문 혹은 부주의했기 때문'이라고 생각하는 것처럼 내부로 귀인할 수도 있다. 충분히 예상 가능하겠지만, 완벽주의 성향이 높은 사람들은 실수를 했을 때 '내가 부족해서 실패한 거야'라며, 자기 내부 요인에서 원인을 찾는 경향이 있다.

"나 자체로 잘못된 사람이라니!" 더 좌절감을 느끼고, 속이 상하고, 화가 난다. 이러면 마음이 더 불편해질 뿐 아니라 실수를 더욱더 심각하고 잘못된 것으로 생각하게 된다. 일과 육아를 병행하는 완벽주의적인 부모들 중에는 이런 생각 때문에 쓰러지기 직전까지 일을 하는 사람들도 많다. 육아라는 개인 사정으로 업무에 지장을 주면 민폐를 끼치는 사람이 된 것 같고, 아이가 아프기라도 하면 일 때문에 육아에 소홀한 무정한 사람이 된 것 같아 견딜 수가 없다. 완벽주의 수준이 높은 부모들은 일과 가정의 불균형이 발생할 때 자신의 탓으로 귀인하고, 부족했다고 생각하는 부분을 '도덕적으로 비난받아 마땅한' 것으로 평가한다. 스스로를 객관적이다 못해 냉혹하게 바라보는 것이다. 이처럼 완벽주의자들은 실수를 그냥 넘기지 못하고 심지어 도덕적으로 잘못한 일이라고까지 확대 해석하는 경향이 있다.

앞에서 언급한 것처럼, 완벽주의자는 실수에 대해 오랫동안 곱씹는다. 이렇게 실수에 대해 자꾸 생각하면서 머릿속으로 실패 예행연습을 거듭하다 보면 불안감이 커진다. 이를 심리학에서는 예기불안anticipatory anxiety이라고 하는데, 실패할지도 모른다고 생각하는 경우에 불안한 마음이 생기는 것을 의미한다. 불안하니까 확인에 확인을 거듭하고 수없이 수정을 가하지만, 정작 결과물을 다른 사람에게 보여주지 않고 숨기게 된다. 결국 통제력 상실에 대한 불안과 꾸물거림이라는 두 가지 측면을 모두 가진 사람은 과제를 피하고, 미루고, 다른 사람들이 이를 검토하고 논평하는 것도 꺼리는 경향성이 높아지게 된다.[23]

이러한 경향성은 성장을 더디게 한다. 원래 공포를 유발하는 상황을 피하면 피할수록 불안이 커진다. 인간은 상상력이 있어 두려움을 느낀다고 누군가 말했던가. 막상 겪어보면 아무것도 아니라는 것을 쉽게 깨닫게 되는데, 머릿속으로 상상만 하기 때문에 불안과 공포가 마음을 잠식하는 것이다. 예컨대, 공포 영화에서 닫힌 문 뒤로 정체 모를 소리가 들려오면 등골이 오싹해진다. 주인공은 고개를 돌릴 엄두조차 내지 못한 채 불안에 떨며 심장이 터질 듯한 공포에 휩싸인다. 하지만 용기를 내 문을 열고, 소리의 원인이 바람에 흔들리는 창문이었다는 것을 '확인'하고 나면 불안했던 마음은 금세 진정되고 평온이 찾아온다.

나 자신을 통제하지 못해 실수를 저지를까 봐 불안해하기만 하면, 마음속의 불안을 잠재우는 데 너무 많은 에너지를 소비하게 된다. 강박적인 노력만 계속하느라 중요하고 필요한 것을 놓치게 되는 것이다.

기억하자. '반드시' 통제해야 하고, 예측할 수 없는 일은 '절대' 있어서는 안 된다는 생각에서 벗어나야 대안을 찾을 수 있다. 완벽함에 강박적으로 매달리기보다, 적당히 괜찮은 정도를 바라면 일이 이루어질 확률도 높아지고 더 좋은 대안도 쉽게 찾을 수 있다. 삶에서 '반드시', '절대', '꼭' 통제해야만 하는 것들이 있다는 생각에 빠져, 다른 좋은 것들을 잊고 있지는 않은지 마음속을 잘 들여다보자. 쉽지는 않겠지만, 삶의 한 부분에 성장에 도움이 되는 연습, 건설적인 피드백을 흡수할 수 있는 여백을 만들어보자.

통제력 상실에 대한 두려움 2 - 극한의 다이어트

완벽주의적인 성향과 삶과 자기 자신에 대한 불만족이 합쳐지면 섭식장애eating disorder 증상이 나타나기도 한다. 이런 상황에 놓인 사람은 정교한 식단을 만들고, 정해진 것보다 조금이라도 더 먹으면 통제력을 완전히 상실했다고 느껴서 초과한 칼로리를 소비하기 전까지 운동을 끊지 않는다. 가령 달콤한 단팥빵 한 개가 200칼로리라면, 먹은 만큼 소비하기 위해서 시속 8킬로미터로 30분간 달리기를 실시하는 식이다. 이런 경우 초절식 식단 및 극기적인 운동과, 이성이 마비된 것처럼 먹고 또 먹는 폭식을 번갈아 반복하기도 한다.

완벽주의자는 완벽을 추구하면서 채워지지 않는 불만족, 결핍감을 지속적으로 느낀다. 무엇인가 완벽하게 통제해서 완전한 성공을 이루고 싶은 강렬한 욕구를 느끼는 것이다. '절대 말썽을 부리지 않는 완벽주의자'들이 섭식장애와 관련해서는 오히려 심각한 상황에 이를 수 있다. 순하고, 무척이나 양심적이고, 주도면밀한 행동을 하는 완벽주의자들은 여러 방식을 통해 다른 사람이 완벽하다고 생각하는 수준에 자신을 맞추려고 하기 때문이다.

이들은 다른 사람을 내 뜻대로 움직일 수는 없지만, 자신의 행동만큼은 완전히 내 마음대로 할 수 있다고 생각한다. 그래서 식욕과 몸무게를 완전히 통제하는 방식으로 완전한 성공을 이루려고 한다.

다들 알겠지만, 500칼로리를 섭취하고 운동을 통해 섭취한

500칼로리를 바로 완벽하게 소비한다는 것은 생리적으로 불가능하다. 비현실적인 줄 알면서도, 다이어트에 빠진 완벽주의자는 체중계에 딱 올라섰을 때 목표한 몸무게가 아니면 심각한 좌절을 느낀다. 그러고는 땀복을 입고 운동을 하거나, 이뇨작용을 유발하는 약물이나 음식을 다량으로 섭취하거나, 변비약을 먹기도 하면서 땀이든 뭐든 몸 밖으로 배출해서 몸무게를 줄이려고 한다. 완벽한 다이어트, 완벽한 운동 규칙, 완벽한 식단, 완벽한 체형, 완벽한 몸무게를 달성하려고 하고, 마음먹은 대로 되지 않으면 깊은 수치심과 자괴감을 느끼게 된다.

왜 이렇게 몸무게를 통제하는 게 중요한 주제가 되었을까? 식욕을 완벽하게 통제하려는 행동 뒤에는 어떤 마음이 있는 걸까? 미국의 심리학자 토드 헤더튼Todd Heatherton과 로이 바우마이스터Roy Baumeister가 쓴 논문 〈섭식장애의 경험 회피 모델〉[24]에서는, 자신을 부정적으로 바라볼 때 생기는 고통에서 탈출하기 위해 극한의 다이어트를 하게 된다고 설명한다.

완벽주의 성향이 높은 사람들은 스스로에게 결점이 있어서 다른 사람에게 거부당했다고 생각하고, 이 과정에서 자기 자신을 무가치한 존재로 느끼는 고통스러운 경험을 하기 쉽다. 또한 완벽주의자들은 고통스러운 감정은 매우 잘 느끼지만 삶의 기쁨, 즐거움, 만족감에 접촉하기는 어려워하기 때문에 평범한 사람들보다 더 큰 고통을 느끼게 된다.

자기 존재가 부적절하다고 여기고 삶이 공허하다는 생각을 반복적으로 하게 되면, 자연스레 부정적인 감정에서 탈출할 방법을 찾게 되는데 그 대표적인 탈출구가 바로 초절식 다이어트인 것이다. 그러면 자신을 더 나은 존재로 만들 구체적이고 혹독한 목표(완벽한 바디프로필, 극단적으로 적은 몸무게)를 세우고, 눈 옆이 가려진 경주마처럼 열성적으로 운동과 다이어트, 아름다운 몸매라는 목표에만 집착하게 되는 것이다. 일반인은 쉽게 실행하기 어려운 엄격한 식단을 지키고 운동량을 소화하며 금욕적으로 생활하면서, 완벽주의자는 스스로에 대한 통제력을 얻었다는 만족감을 느끼게 된다. 그리고 이것은 스스로에 대한 자긍심과 자랑으로 연결돼 마음을 짓눌렀던 열등감을 일시적으로 지울 수 있다.

꼭 체중 때문에 자존감이 낮아진 경험이 있어야만 극단적 다이어트에 빠지는 것은 아니다. 목표는 자신이 부족하다고 생각하는 영역에서 나오기도 하지만, 자부심을 느끼는 부분에서 설정되기도 한다. 가령, 사람들이 날씬하고 탄탄한 몸매를 칭찬하면, 더 날씬하고 탄탄한 몸을 가지고 싶다고 생각하게 되는 것이다. 목표를 세울 만큼 중요하게 생각하는 영역은 사람마다 다른데, 자존감에서 체형이나 체중이 상당한 부분을 차지하고 있는 완벽주의자라면 부적절한 방법(구토제, 설사제 복용)을 사용해서라도 체형과 체중을 더 좋게 유지해야 한다는 욕구가 높아지기 쉽다.

다이어트는 외형적으로 뚜렷한 변화를 보여주기 때문에, 나에 대한 타인들의 인식 변화가 뚜렷하게 느껴진다. 만나는 사람마다 예전과 달라졌다면서 칭찬을 해주는 까닭에 쉽게 성취감을 느낄 수 있다. 심리학에서는 이러한 타인의 인정, 뿌듯함 같은 긍정적인 보상에 의존하는 성향을 보상 의존성reward dependence이라고 하는데, 섭식장애 증상을 보이는 완벽주의자들은 대개 보상 의존성이 높다. 이런 이유로 체중 감량에 성공해 자존감이 상승하고 인정과 찬사를 한꺼번에 받는 최고의 보상 경험을 한 번이라도 하게 되면, 부적절한 노력을 해서라도 이러한 보상을 계속해서 얻고자 노력하게 된다.

이 경우 보통은 죄책감 없이 즐길 수 있는 적정량의 식사마저 불쾌함과 불안감을 유발하는 대상이 되고, 뭐라도 먹고 나면 살이 찔까 봐 공포가 몰려오고, 허기가 들 때조차 살을 더 빼고 싶다는 생각을 버리지 못해 식사를 포기한다. 그러다 어느 순간 참을 수 없는 배고픔이 찾아오면 허겁지겁 과식을 하고는, 원칙을 깨뜨렸다는 불안감 때문에 구토를 하거나 강박적으로 운동을 하게 된다. 그야말로 악순환이다.

완벽주의자라면 식사나 운동 외에도 집안 청소 및 정돈, 대인 관계에서 예상치 못한 마찰 피하기 등 생활 전반에서 완벽함을 추구하고 있을 가능성이 크다. 완벽주의는 한 사람의 삶 전반에 영향을 미치고, 완벽주의 성향이 있는 사람들은 각자 자신이 중요하게 생각하는 부분(예: 식욕 통제)에 더욱 세밀한 노력을 하게 된다.

이런 이유로 특정 영역에서 완벽해지는 것이 완벽주의자의 유일한 관심사가 되면, 시야가 몹시 좁아진다. 가령, 식욕을 완벽하게 통제하는 데만 집중하는 사람은 지인들과 식사하는 것이 불편해서 모임을 피하거나, 과도한 다이어트에 빠지기도 한다. 먹는 것, 체중에만 모든 초점이 맞춰져 나에게 무엇이 소중했는지 잊어버리게 되는 것이다. 다이어트 말고 다른 삶이 있었던가? 몸무게 말고 나의 건강, 나의 삶, 나의 행복에 관심을 가졌던 것은 언제인지 기억조차 하지 못하게 된다. 정작 더 중요한 가치가 흐려지는 것이다.

지나친 완벽주의는 자신을 부정적으로 보게 만들어서 우리를 고통에 빠뜨린다. 반드시 통제할 수 있어야만 하고, 조금이라도 흐트러지면 용납할 수 없다는 완벽주의적인 믿음은 다른 좋은 선택의 여지를 없애버린다. 공허함, 부적절감 같은 부정적인 감정을 피하려고 다이어트에만 몰두하는 것은 반짝반짝한 삶의 순간들이 찾아올 길목에 통행금지 표지판을 세우는 것과 같다.

사실 완벽주의에 대한 고민은 단순하다. 우리의 소망과 실제 모습이 다른 것이다. 이랬으면 좋겠다는 바람과 우리의 현실이 낮과 밤처럼 다를 때가 많다. 우리가 꿈꾸는 인생을 살지 못하도록 방해하는 것은 무엇일까? 대체 완벽주의가 무엇이기에, 이렇게 우리의 발목을 잡고 있는 것일까?

제 2 장

완벽주의자는
어떻게 탄생하는가

우리를 완벽주의자로 만드는
다섯 가지 요소

완벽한 당신이 알게 되면
더 좋은 것

...

제1장에서 우리는 한국인의 절반 이상이 완벽주의적인 성향을 지니고 있고, 성과 달성을 위해 완벽주의가 상당히 도움이 된다고 생각한다는 통계 결과를 살펴보았다. 동시에 역설적으로 완벽주의적인 삶이 별로 행복하지 않다고 답한 비율도 상당히 높다는 것을 확인했다. 이는 사람들이 완벽주의를 바라볼 때 '도움이 되는 측면이 분명히 있지만, 이런 성향을 안고 사는 것이 힘겹다'라고 생각한다는 딜레마를 드러낸다.

하지만 대부분의 성격적 특징에 이러한 딜레마가 숨어 있다. 예컨대 '겸손한 성격'은 한국 사회에서 특히 환영받는 미덕이다. 겸손한 사람은 자기과시를 하지 않고 다른 사람들과 부드럽게 어울리기 때문에 마찰이 적고 잘 융화된다는 장점이 있다. 하지만 겸손도 지나치면 도움이 되지 않는다. 성과를 강하게 어필해야 할 경쟁 상황에서도 겸손한 모습을 유지하느라 망설인다면, 눈앞에 놓인 좋은 기회를 스스로 걷어차는 꼴이 될 수도 있다. 또한 이런 경험이 반복되면 소위 '목소리 큰 사람에게 실적을 빼앗겼다'라고 느낄 수 있고, 외적으로는 온화하고 부드러운 사람으로 보일지라도 내적으로는 심한 갈등을 겪어 주변 사람과 일에 대한 불안과 회의감이 커질 수도 있다.

물론 반대의 예도 가능하다. '완고한 성격'이 돋보이는 사람은 흔히 융통성 없는 딱딱한 성격으로 비치는 탓에 고집불통으로 인식되기 쉽지만, 때에 따라 스스로의 완고함을 조절할 수 있다면 소신이 강한 사람이라는 강점으로 변화될 수도 있다. 주변의 만류에도 불구하고 뜻한 바를 굽히지 않고 끝내 쟁취할 수 있다면, 그 사람의 완고한 성격은 분명 주변의 좋은 평판을 이끌어내는 강점이 될 것이다.

따라서 그 어떤 성격 특성도 항상 좋거나 항상 나쁜 것만은 아니라는 사실을 기억하자. 요즘 유행하는 '케바케(케이스에 따라 다르다)' '사바사(사람마다 다르다)'라는 표현처럼, 완벽주의에서도 각 개인이 지닌 완벽함의 지향 정도는 모두 다르고 그 양상에서도 차이가 나타난다. 그리고 무엇보다 같은 사람이라도 어떤 상황에 놓여 있느냐에 따라 완벽주의가 강점이 되기도 하고 약점이 되기도 한다.

그렇다면 완벽주의에 대해 더 잘 알게 되면 어떤 이점이 있는가 하는 의문이 들 수 있다. 결국 '케바케'라면 완벽주의의 특성을 이해한다 해도 별로 달라질 게 없다고 느낄 수 있기 때문이다. 하지만 제1장을 읽고 벌써 '나 완벽주의자가 맞는 것 같아!'라고 느꼈다면, 이 책에서 당신의 완벽주의적인 성향을 어떻게 다스리면 '행복한 완벽주의자'로 거듭날 수 있는지를 확인할 수 있을 것이다.

이를 위해 제2장에서는 완벽주의자를 크게 '불행한 완벽주의자'와 '행복한 완벽주의자'로 구분해 설명할 것이다. 다르게는 완벽주의의 '부적응적인 측면'과 '적응적인 측면'이라고도 표현할 수 있다. 이렇게 완벽주의자를 구분해 설명하려는 이유는 간단하다. 완벽주의의 부적응적인 면은 당신의 행복과 안녕을 방해하지만, 적응적인 면은 탁월한 삶을 살도록 도울 수 있기 때문이다. 우리가 지향하는 바는 물론 후자다.

완전히 몰두해서 자신만의 목표를 이루어내고 충분한 만족감을 느끼며 살아가는 행복한 완벽주의자들이 세상에는 은근히 많다. 이들은 그야말로 멋있는 캐릭터로서 주변의 존경을 받는다.

일례로 미국의 저명한 심리학자 앨버트 엘리스Albert Ellis는

75년 이상을 아침 8시 30분부터 새벽 3시 30분까지 일했고, 평생 45권의 책과 400편의 학술 논문, 200개의 오디오 및 비디오 테이프 강연, 60회의 연설 및 워크숍을 치러낸 기록을 남길 만큼 열정적인 완벽주의자였다. 또한 평생 사치스러운 삶을 지양하고 검소한 생활을 했으며 강연과 상담에서 얻은 수입과 책의 인세는 비영리기관에 기부할 정도로 주변을 돌보는 마음까지 완벽했다.[25]

무엇보다 엘리스는 불우한 가정환경에서 자랐는데, 떠돌이 영업사원이었던 그의 부친은 엘리스가 열두 살 때 이혼한 후 가정을 돌보지 않았고 모친 또한 집안일과 자녀 양육에 무관심해 자식들을 방치했다. 그 결과, 엘리스를 제외한 두 동생은 모두 열악한 환경과 부모에 대한 원망에 사로잡혀 문제아로 자랐다. 그러나 동일한 환경에서도 엘리스는 부모가 악의적으로 자녀를 방치한 것이 아니라 양육 능력 자체가 없었다는 점을 이해하고 부모를 비난하지 않았다.

아울러 무난하게 통과할 거라고 믿었던 박사학위 논문의 최종 심사에서 몇몇 심사위원들의 반대로 통과가 되지 않았지만, 불행한 완벽주의자처럼 분노의 감정이나 자괴감에 빠져 포기하지 않았다. 대신 자신이 놓인 상황에서 가능한 최선의 방법을 찾아냈다. 그렇게 한층 더 노력한 결과, 두 번째 심사를 통과하고 영예로운 박사학위를 취득하였다. 숱한 역경 속에서도 포기하지 않은 열정과 완벽을 추구하는 성격 덕분에 엘리스는 미국 역사상 손꼽히는 심리학자가 되었다. 그는 행복한 완벽주의자였다.

이러한 캐릭터에서 엿볼 수 있는 행복한 완벽주의는 삶의 든든한 에너지원이 된다. 아울러 일뿐만 아니라 대인관계, 취미 등 삶의 영역 전반에 높은 동기를 갖도록 힘을 실어준다. 마지못해 하는 게 아니라 열성을 다해서 높은 동기로 뛰어들기 때문에, 이들은 실제로 많은 성취를 이룬다. 아름다운 나선형을 그리듯이 성공 경험이 축적될수록, 행복한 완벽주의자는 높은 동기를 유지하고 매사에 더욱 큰 자신감을 갖고 임하게 된다.

나아가, 진정으로 행복한 완벽주의자는 완벽주의를 조절해야 할 때(스스로의 정신건강을 위해 완벽주의적인 기준을 낮추어야 할 때)를 알고, 희망과 달리 실수를 범하거나 목표를 다 이루지 못했을 때에도 과도하게 자책하지 않는다. 쉽게 말해, 완벽주의라는 연을 날릴 때 강하게 연줄을 당겨야 할 때와 바람에 연을 맡기고 힘을 풀어야 할 때를 잘 아는 것이다.

안타깝지만, 갖은 노력을 기울여도 원하는 바를 이루지 못해 힘든 상황은 누구에게나 찾아온다. 완벽주의를 지향하면서 승진을 위해 인사고과와 평판 관리에 매진했지만, 나를 이끌어주던 상사가 갑자기 해외 발령을 받으면서 모든 노력이 물거품이 될 수도 있다. 또한 어려서부터 그려온 인생 계획에 따라 최선을 다했지만 믿었던 인연이 예고 없이 떠나가거나, 내 잘못이 아닌 이유 때문에 시련을 겪을 수도 있다. 이렇게 삶은 그야말로 예측 불가능한 불확실함으로 가득 차 있다. 행복한 완벽주의자는 자신이 가치 있게 여기는 일이라면 거침없이 총력을 기울이지만, 그럼에도 불구하고 일이 잘 안 되었을 때는 이를 담담히 받아들인다. 잠시 쉬는 동안 아쉬움을 달래고, 실패를 통해 새롭게 배운 점을 다음 시기에 활용한다. 이들에게 실수나 실패는 단순히 '그 일의 실패'일 뿐, '나의 존재 전체'를 위협하는 것이 아니기 때문에 금세 털고 일어날 수 있다. 이처럼 행복한 완벽주의자는 자신의 완벽주의를 '활용'할 줄 안다. 그 모습이 너무 이상적이라 마치 '신인류'처럼 느껴질 수 있지만, 누구나 노력한다면 충분히 달성 가능한 모습이다.

이번 장에서는 완벽주의를 유발하는 다섯 가지 요인에 대해 살펴볼 것이다. 제1장에서 설명한 것처럼, 한국인의 완벽주의를 구성하는 것으로 확인된 다섯 가지 요소는 아래와 같다.

첫째, 실수에 대한 지나친 염려
둘째, 정리 정돈 습관
셋째, 부모의 높은 기대

넷째, 높은 성취 기준

다섯째, 행동에 대한 의심

기본적인 완벽주의의 요소는 행복한 완벽주의자에게나 행복하지 않은 완벽주의자에게나 동일하게 적용된다. 행복한 완벽주의자라고 해서 이 요소 중 좋은 것만 100퍼센트, 좋지 않은 것은 0퍼센트를 가지고 있는 것은 아니다. 이 다섯 가지 요소들은 독립적으로 떨어져 있지 않고 서로 관련되어 있기에, 완벽주의적인 경향을 지녔다면 이 요소들을 모두 '어느 정도'는 가지고 있음을 이해하자.

제2장의 목표는 완벽주의의 다섯 가지 요소를 명확히 이해함으로써, 활용할 만한 완벽주의의 긍정적인 측면들은 더 적극적으로 취하고, 과도할 경우에 독이 될 수 있는 부정적인 측면은 조절하는 능력을 기르는 것이다. 심리적으로 이미 지니고 있는 부분을 아예 없애는 것보다, 정도에 맞게 조금씩 덜어내는 게 훨씬 수월하다. 나의 완벽주의를 잘 이해하고 강점을 잘 활용한다면 행복한 완벽주의자가 될 수 있음을 기억하자.

완벽주의 요소 1
: 실수에 대한 지나친 염려

...

완벽주의의 첫 번째 요소는 '실수에 대한 지나친 염려'이다. 완벽주의자는 스스로 완벽하기를 바라고, 실수하면 속이 많이 상하거나 평판이 나빠질까 봐 크게 걱정한다.

가령, 완벽주의자인 A가 작성한 기획안을 부장이 살펴보더니 웃으며 "김 대리 오탈자가 세 개나 있어, 정신 차려야지?" 하고 알려줬다고 하자. 창피함에 얼굴이 벌게진 A는 그날 밤 잠을 설칠 게 뻔하다. '어떻게 그런 어처구니없는 실수를 할 수가 있지?' '가볍게 살펴본 부장님도 알아보는 걸 난 왜 못 찾아냈을까?' '사장님께 이대로 보고가 올라갔다면 난 쓸모없는 인간이 됐겠지' 등등 끝도 없는 수치심과 스스로에 대한 분노가 꼬리에 꼬리를 물고 이어져 괴롭기 때문이다.

이런 밤을 보내고 난 후 A가 똑같은 실수를 다시 저지를 가능성은 크게 낮아진다. 스스로를 괴롭게 했던 상황을 반복하지 않기 위해 만전에 만전을 기할 가능성이 크기 때문이다. 이처럼 완벽주의자들은 실수가 너무 너무 싫어서 사전예방에 힘쓰고, 그 덕분에 성과가 뛰어난 경우가 많다. 하지만 실수로 인한 수치심과 걱정, 불안에서 헤어 나오지 못하게 된다면 이야기는 달라진다. 실수에 매몰돼 다른 중요한 요소들을 놓칠 수도 있기 때문이다. A의 경우라면 정해진 시간 내에 기획안을 작성하고 제출하는 데 어려움을 겪을 수 있다. 일반적인 사람이라면 작은 실수와 치명적 실수를 구분해 둘 중 더 중요하게 생각해야 하는 부분에 집중하겠지만, A는 지엽적인 오탈자 교정에 시간을 쏟느라 기한 엄수라는 더 중요한 약속을 어기는 상황에 놓일 수 있다.

완벽주의자에게 있어 실수에 대한 염려는 두 가지 양상으로 나타난다. 첫째, 성공을 추구하면서 실수를 반복하지 않기 위해 부단히 노력한다. 둘째, 실수를 했을 경우 이에 대해 집착하고 또 다시 실수할까 봐 과도하게 긴장한다. 아쉽게도 많은 완벽주의자들이 실수에 대해 지나치게 염려하느라 완벽을 위한 자신의 노력을 과소평가한다. 그래서 '나는 부주의하고 산만한 사람이야'라는 생각에 빠져 스스로에게 얼마나 믿음직한 부분이 많은

지는 잘 알아보지 못한다.

또한 완벽주의자가 수치스럽게 느끼는 실수와 완벽주의자가 아닌 사람이 실수라고 생각하는 '범위'에 차이가 있다. 완벽주의자가 아닌 사람이 별 것 아닌 것으로 넘길 수 있는 사소한 실수도 완벽주의자에게는 용납 불가인 경우가 흔하다.

A의 사례를 다시 보자. 사실 기획안의 생명은 아이디어의 참신함과 실행 가능성에 있기 때문에, 오탈자 정도는 큰 실수가 아니라고 간주하고 넘어가도 괜찮다. 매 문장마다 오타를 낼까 봐 전전긍긍하는 것보다는 좋은 아이디어가 떠올랐을 때 빠르게 풀어내고, 기획안의 최종본을 검수할 때 오탈자를 한꺼번에 수정하는 게 오히려 더 효율적인 방법이다. 하지만 완벽주의자 A에게는 이 사소한 실수가 지울 수 없이 커다란 오점으로 남았다. 훌륭한 아이디어를 담은 기획안을 탄생시키고도, 작은 실수에만 머무르며 자책하고 있는 모습이다.

이처럼 사소한 실수까지 중대한 과오라고 생각하면서 위험 요소를 제거하느라 힘을 들이다 보면, 성장과 탁월함을 추구하고 성취하는 기쁨을 잊어버리기 쉽다. 적당한 긴장감은 목표 추구에 도움이 되지만 과도한 걱정은 스스로의 가치마저 떨어뜨리며 작은 것에 연연해 큰 그림을 놓치는 악순환을 가져오게 된다. 결과적으로, 행복한 완벽주의자가 되는 데 방해 요소가 된다. 그렇다면 왜 이렇게 실수의 존재감이 커졌을까?

실수가 돋보이는 이유

실수가 이렇게 중요해진 이유는 완벽주의자들이 '무결점'을 추구하기 때문이다. 완벽주의자들은 완전하고 고귀한 무결점을 추구한다. 그래서 완벽주의에서 말하는 실수는 '어이쿠, 볼펜을 떨어뜨렸네'처럼 조금 부주의해서 생긴 잘못보다 훨씬 무겁다.

눈앞에 깨끗한 정제수가 담긴 컵이 있다고 생각해보자. 그 맑은 물에 빨간 잉크 한 방울이 똑 떨어졌다. 그 순간 잉크가 퍼져 물의 색깔을 붉게 바꿔버렸다. 한번 색이 바뀐 물은 버리지 않는 이상, 과거의 상태로 되돌릴 수 없다. 완벽주의자에게 실수란 이런 것이다. 작은 실수 하나로, 전혀 기대하지 않았던 모습으로 변해버리는 것 말이다.

게다가 완벽주의자들은 완벽이 깨지는 순간을 기막히게 감지한다. '찜찜한 기분' '뭔가 단단히 잘못됐다는 두려움'이 밀려온다. 이들은 본능적으로 불쾌감을 피하는 데 더 예민하게 반응하면서 완벽한 '느낌적인 느낌'을 찾아 헤매기도 한다. 그래서 꿈에 그리는 완벽한 상태가 '진짜로' 무엇인지는 구체적으로 생각해

보지 않았을 가능성이 있다. 지금, 잠시 생각해보자. '내가 생각하는 완벽이란 과연 어떤 것일까?'

당신에게 '완벽한 상태'란 무엇을 의미하는가?
어느 정도가 되어야 '완벽한 상태'라고 할 수 있는가?

완벽의 의미는 사람마다 다양할 것이다. 예를 들어, 외모의 완벽함이 중요한 신입사원 B에게는 회사에서 외모상의 '옥의 티'를 발견하는 순간 집으로 돌아갈 생각을 할 정도로, 완벽한 상태의 외모가 중요하다. 또한 새벽 5시부터 출근 준비를 시작해야 마음이 편하다. 피부를 위해 밤 10시 전에는 잠자리에 들어야 하며, 잠든 사이 빼앗긴 수분을 보충하기 위해 아침 세안도 꼼꼼히 하고 6단계 이상의 기초화장품을 바른 후 공들여 메이크업을 한다. 헤어 세팅까지 마쳤다면, 이제 절반 정도의 아침 의식이 치러진 것이다. 완벽주의자답게 전날 밤에 의상을 몇 벌 준비해두는데, 현재 메이크업과 헤어 상태에 알맞은 색상과 디자인을 선택하기 위해 30분 정도 더 고심한다. 최종적으로 의상에 포인트를 더할 액세서리를 고르고 그새 헤어가 망가지지는 않았는지 손거울로 360도 체크하면 비로소 출근 준비가 끝난다.

완벽한 성과물로 인정받는 것이 무엇보다 중요한 프리랜서 디자이너 C는, 심혈을 기울여 완성한 디자인 시안에 모든 의뢰인들이 칭찬을 해야 만족할 수 있다. 아무리 사소해도 지적을 받는다는 것은 참을 수 없기 때문에 요구사항을 100퍼센트 반영하기 위해 애쓴다. 시간이 촉박해도 괜히 기한 연장을 요청했다가 책 잡히기 싫어서 밤샘 작업을 마다하지 않는다. 일을 마무리하고 나면 녹초가 되어버리지만, 지난 프로젝트에 의뢰인들이 쏟아낸 칭찬이 머릿속에서 맴돌아 몸과 마음이 지치는 살인적인 일정도 어쩔 수 없이 감내한다. 완벽에 가까운 지금까지의 이미지를 유지하기 위해서라면, 그 어떤 희생도 치를 각오가 되어 있다.

하지만 '완벽한 상태'를 알 수 있는 방법이 없다. 갖은 노력 끝에 데드라인에 맞춰 시안을 완성하고 설명회도 마쳤다고 해보자. 의뢰인들은 C의 디자인 작품에 전반적으로 만족해했다. 그중 어떤 의뢰인들은 역시 업계의 명성대로 C의 작품이 최고라며 치켜세웠다. 하지만 C는 발표 내내 오묘한 표정을 지어 보이던 한 명의 의뢰인이 계속 마음에 걸렸다. 대체 속으로 어떤 평가를 하고 있었던 걸까? 시안 설명 초반에 말을 약간 더듬은 게 혹시 거슬렸던 것은 아닐까? C는 의뢰인들을 만족시키기 위해 최선의 최선을 다했지만 마음이 영 개운치 않았다. 그리고 마음속으로 다음부터는 아무리 시간이 없어도 시안 설명 리허설까지 미리 해봐야겠다고 다짐한다.

마침내 완벽한 상태에 이르렀다고

누가, 무엇이 말해주는가?

새하얀 도화지에 검은 점이 살짝 찍히면 더 눈에 띄는 법이다. 완벽주의자들이 98퍼센트의 성공 속에서도 2퍼센트의 부족함 때문에 애가 타는 이유도 비슷하다. 앞뒤 가리지 않고 무결점을 추구할수록 실수는 더 돋보이고, 스스로 귀하고 훌륭한 목표를 향해 나아가고 있다는 사실은 까맣게 잊힌다.

완벽함의 균열에 대한 두려움

완벽을 추구하는 것은 완벽주의자의 본질이다. 심리학에서는 완벽주의처럼 상황이나 시간에 따라 변하지 않는 속성을 성격 특질trait이라고 하는데, 특질은 한 사람이 일관되게 보여주는 심리적 경향성을 의미한다. 완벽주의는 안정적인 특질이기 때문에 다른 사람과 구별할 지표로 사용할 수도 있고, 앞으로 어떤 행동을 할지 예측하는 데 사용할 수도 있다.

반면 상황에 따라 계속 변화하는 것도 있다. 대표적으로 '기분'을 들 수 있다. 아주 기분 좋게 하루를 시작했더라도 우산 없이 소나기를 만나거나, 빠르게 달려가는 트럭이 뿌린 흙탕물을 뒤집어쓴다면 순식간에 불쾌한 기분을 경험하게 될 것이다. 늘 좋은 기분을 유지하고 싶지만 희망처럼 되지 않는 이유도 상황에 따라 변모하는 것이 '기분' 자체의 속성이기에 그렇다.

회사원 D가 '완벽한 주말'을 시작했다고 해보자. 쾌청한 주말 아침, 하늘은 구름 한 점 없이 높고 푸르다. 덥지도 춥지도 않은 기온에, 미세먼지 지수까지 0퍼센트로 완벽하다. 게다가 중요한 팀 프로젝트도 끝나, 업무 스트레스까지 말끔하게 사라진 홀가분한 주말이다. D는 이 완벽함이 주말 내내 쭉 이어지는 안정적인 것이길 바란다.

하지만 D가 느끼는 완벽함의 조건은 D가 통제할 수 없는 영역에 걸쳐 있다. 날씨와 미세먼지의 영역에서 D가 '완벽하다고 느낄 수 있는 상황'은 오직 찰나이다. 다시 말해 D 자신과 타인, 주변 환경까지 기가 막히게 맞아 떨어져 완벽하다고 느낄 수 있는 상황이 만들어지는 건 행운에 가까운, 아주 짧은 순간만 느낄 수 있는 완벽함이다. 완벽한 찰나가 지나가고, 단 하나라도 마음에 들지 않는 구석이 발견되면 D는 이런 생각을 할 것이다. '계속 완벽해야 하는데 뭔가 잘못됐어!' 하지만 이건 누구도 해결할 수 없는 문제다.

완벽주의자들에게는 완벽함이 절실하다. 그래서 완벽함이 훼

손되었다는 생각이 들면 매우 괴로워진다. 완벽함 자체가 여러 측면에서 가변적일 수밖에 없음에도, 내가 완벽에 미치지 못했다고 느낄 때마다 깊은 자책에 빠지기도 한다. 이렇게나 내 기분이 엉망이라니, 완벽하지 않은 것은 끔찍한 것이 분명하다고 생각한다. 즉, 완벽주의자는 자신의 울적함을 실패의 증거로 해석하는 것이다.[26]

앞에 등장한 D의 경우를 다시 한번 생각해보자. D는 '실수에 대한 지나친 염려' 수준이 다른 요인보다 높은 완벽주의자이다. D는 화창하고 잔업 부담도 없어서 완벽하게 평화로운 상태라고 생각되는 주말 아침을 맞이하자 만족감을 느꼈지만, 이런 만족감만으로는 뭔가 부족하다. 다음은 D가 생각하는 주말을 완벽하게 '유지하기 위한 조건'이다.

팀 프로젝트가 마무리된 덕에 간만에 업무 스트레스 없는 주말을 맞이했지만, 무심코 상사의 전화를 받거나 카톡 메시지를 확인해 업무 관련 연락을 받을 수도 있다. 따라서 주말에는 회사 사람들과 거래처 담당자, 기타 업무 관련 연락을 해올 만한 사람 모두의 전화번호에 일일이 '방해금지 설정'을 해두고, 회사와 팀 단톡방 알림을 꺼두어야 완벽한 주말을 즐길 수 있다. 완벽한 차단을 위해 금요일 퇴근길에 한 번, 잠이 들기 전에 한 번, 토요일 기상 후 한 번 더 방해금지 설정과 카톡 알림 끄기가 제대로 되어 있는지 확인한다.

다음은 D가 저녁 시간까지 완벽하게 보내기 위한 조건이다.

저녁 7시까지 친구와 '맛집' 앞에서 만나기로 약속했다. 식당 이름이 너무 흔해서 '맛집'이 두 군데 이상일지도 모르니까 미리 확인하고, 7시까지 도착하려면 최소 오후 4시 40분부터 외출 준비를 시작해야 한다. (혹시 모를 지각을 방지하기 위해서는) 4시부터 5분 단위로 알람을 맞춰두어야 한다. 이로써 친구와의 완벽한 만남을 위한 준비가 완성되었다.

D의 완벽한 주말 일정 계획을 살펴본 기분이 어떠한가? 읽기만 해도 숨이 차고 답답한가? 아니면 '완벽하게 주말을 보내려면 이 정도 계획은 필수 아닌가' 하는 생각이 드는가? 만약 후자라면 당신도 D와 같이 완벽주의로 인해 심한 스트레스를 받아보았을 것이다. 완벽한 주말을 망치지 않기 위한 여러 조건들을 지키면서, D는 마음이 편안하고 행복했을까? 강박에 가까울 정도의 사전 계획을 살펴보면, 행복보다는 두려움과 불안에 가까운 감정이 느껴진다. 완벽하지 못할 것(혹은 완벽함을 잃게 될 것)에 대한 두려움에서 비롯된 D의 노력이 스스로에게 어떤 감정을 불러일

으켰을지 충분히 짐작할 수 있다.

실수로 업무 연락을 받아 주말을 망치게 될까 봐 연락처에 하나하나 '방해금지 설정'을 하면서, D는 정작 주말 아침의 느긋함을 만끽하지 못했을 가능성이 크다. '실수에 대한 지나친 염려' 성향이 높은 완벽주의자들은 이렇게 늘 분투하고 있다. 이들은 이메일을 전송하기 전에 작성한 내용을 스무 번 정도 읽어보고, 밖으로 나서기 전에 몇 번이고 거울에 비친 모습을 체크한다. '계속해서' '더더욱' 노력한다면 실수에 대한 두려움이 줄어들 거라고 기대하지만, 역설적으로 완벽함을 기하려는 과도한 노력은 더 큰 불안으로 이어지고 스스로를 불행한 완벽주의자에 가까운 모습으로 이끈다.

완벽을 위한 노력과 실수 예방의 균형

완벽주의자는 완전히 실패해서라기보다, 주로 실수 때문에 완벽하게 해내지 못할까 봐 미리 걱정한다. 예를 들어 '주어진 상황 안에서 나름대로 최선을 다한 사람'과 '모든 한계를 극복하면서 완벽을 위해 분투한 사람'이 있다고 할 때, 실수를 한다면 둘 중 누가 더 큰 스트레스를 경험할까? 당연히 후자가 좌절감도,

후회도 훨씬 클 것이다.

'실수에 대한 지나친 염려' 성향이 높은 완벽주의자는 완벽함을 위협하는 실수들을 미연에 방지하기 위해 많은 노력을 기울이지만, 아무리 철저한 사람이라도 예상 불가능한 사건 사고까지 미리 예측할 수는 없다. 아무리 완벽한 계획도 예측 불가능한 변수 앞에서는 속수무책으로 영향을 받을 수밖에 없다.

실수에 대한 두려움에만 초점이 맞춰져서 '기필코 잘 되어야만 한다'고 생각하면 아주 작은 균열에도 마구 마음이 요동친다. 게다가 이 균열이 내 실수 때문에 생긴 거라고 확신할수록 자괴감이 들어 괴롭다. 자신에게 의미 있는 일을 잘하고 싶은 마음은 당연하다. 하지만 '아, 안되면 어떡하지?' 하는 두려움에 압도되면, 완벽함이 유지되지 않아서 실망했던 과거의 경험들이 계속 떠오르면서 걱정이 깊어진다. 그리고 실수를 예방하고 자신의 부족함을 감추기 위해서 엄청나게 신경을 쓰게 된다.

하지만 실수에 대한 두려움에 압도되어 노력한 시간을 잊어버리면 우울, 불안 및 스트레스가 마음을 잠식할 가능성이 높아진다.[27] 완벽하게 해내지 못했을 때 겪을 괴로움을 피하기 위해서 노력하면 할수록 더 우울하고, 불안하며, 큰 스트레스를 느끼게 되는 것이다. 이 경우 노력할수록 더욱 두려워지기 때문에[28] 노력 자체가 독이 될 수도 있다.

앞서 언급한 것처럼 실수에 대한 걱정은 '실수 예방'과 '완벽을 위한 노력'의 두 가지로 구분할 수 있다. '실수 예방'은 좋지 않은 결과를 피하려고 최대한 결점을 없애는 것이고, '완벽을 위한 노력'은 일을 제대로 해서 좋은 결과를 만들어내기 위해 애쓰는 것이다. 완벽주의적인 노력과 적당한 수준의 두려움이 균형을 잡으면 긍정적인 결과로 이어질 수 있다.[29] 또한 예방에 여러 측면이 있다는 것을 기억하면, 완벽하지 않아도 주저앉지 않을 수 있다. 완벽주의자들은 보통 사전 예방에 집중하는데, 잠재적인 문제를 제거해서 피해를 최소화하는 데 목표를 둔다. 하지만 문제 발생 후에 견디는 힘을 기르거나 대처능력을 강화하는 것도 예방이 될 수 있다. 또한 문제 확산을 막는 것도 예방이 될 수 있다. 어떤 실수를 저질러도, 그간의 노력이 모두 쓸모없어지는 것은 아니라는 사실을 기억하는 것도 중요하다.

행복한 완벽주의자가 되려면, 어떤 목표를 이루기 위해 노력한 시간과 과정에도 의미를 부여할 수 있어야 한다. 이것은 절대 '정신 승리'에 가까운 자기합리화가 아니다. 완벽주의자들은 종종 뛰어난 수행 능력을 보이면서도, 겸손하다 못해 자신을 매사 실수투성인 사람이라고 비하한다. 심리학자로서 필자들이 꼭 전하고 싶은 메시지 중 하나는, 완벽주의자인 당신은 스스로의 노력을 과소평가하지만 목표를 이루려고 열심히 노력하는 것은 결과에 상관없이 칭찬받아 마땅한 훌륭한 일이라는 점이다. 특히, 일을 망칠까 봐 두려움에 떨면서도 포기하지 않고 완벽을 위해 노력한다는 것은 정말 대단한 일이라는 점을 기억하길 바란다. 자신의 사소한 실수, 혹은 그에 따른 약간의 실망스런 결과가 눈에 띄더라도 조금은 너그러워지자. 그동안의 자신의 노고를 위로하고, 숨 막히는 상황에서도 포기하지 않고 노력한 자신을 충분히 자랑스러워해도 괜찮다.

완벽주의자는 자신의 두려움을 숨기고 완벽하기 위해 애쓰는 것 이상을 희망하기 때문에 더욱더 고통스러울지도 모른다. 완벽하게 보이기 위해 사투하면서도 사실은 평판으로부터 자유로워지고 싶고, 자신에게 진짜 중요한 것이 무엇인지 끊임없이 알고 싶어 한다. 탁월함을 추구하는 건 분명 기쁜 일인데, 실수하면 절대 안 되고 반드시 완벽해야만 한다는 생각은 도대체 언제 어디서부터 생겨난 것인지 모르겠다. 실수하면 큰일 날까 봐 전전긍긍하는 스스로가 애처롭고 가여운, 자신을 향한 깊은 슬픔이 느껴진다면 마음껏 슬퍼해도 좋다. 슬픔을 있는 그대로 표현하는 것은 당신의 마음을 건강히 유지하는 데 대단히 효과적인 약이다. 그리고 기억하자. "완벽하지 않아도 괜찮다. 실수를 해도 괜찮다. 실수를 해도 통제력을 잃는 것은 아니다. 그 어떤 경우에도."

어느 상담자의 편지

실수에 대해 지나치게 염려하는 완벽주의자는 매일 아침 일과를 시작하기 전에 이렇게 기도한다. "제발 오늘만은 바보 같은 실수를 저질러 일을 망쳐버리지 않게 해주세요." 그리고 하루의 마무리는 대개 이렇다. "종일 긴장했더니 너무 피곤한데, 영 기분이 찜찜하네……."

상담이론 중 하나인 게슈탈트gestalt 이론에 의하면, 완벽주의자는 아주 사소한 실수들을 놀라울 정도로 '잘 알아차리지만, 자신에게 정말 중요한 핵심과는 접촉하지 못하는 사람'이다. 이 책의 목표인 행복한 완벽주의자가 되기 위해서는, 최선을 다했는데도 통제할 수 없는 '완벽함의 가변성'으로 인해 실망하거나 우울에 빠지거나 불안을 느끼지 않도록 스스로의 마음을 잘 다독일 필요가 있다. 하지만 천하 태평한 배짱이가 하루아침에 일개미가 되는 것이 불가능하듯, 열심히 일하는 게 업이었던 개미가 다 놓아버리고 갑자기 휴식을 취하며 마음을 다스리는 데만 집중하기란 현실적으로 쉽지 않다. 억지로 쉬어보려고 해도 영 마음이 편하지 않을 것이다. 이런 완벽주의자들을 위해 게슈탈트 심리치료의 창시자 프리츠 펄스Frederick Perls는 다음과 같은 편지[30]를 남겼다. 한번 음미해보자.

나는 실패한 시도들을 사랑한다.

비록 과녁의 중심은 하나뿐이지만,

실수했다는 것은 수많은 좋은 시도가 있었음을 의미한다.

친구여, 완벽주의자가 되지 마라. 완벽주의는 긴장이다.

당신은 하나뿐인 과녁의 중심을 맞추지 못할까 봐

두려워 떨고 있다.

하지만 당신이 자신을 있는 그대로 받아들일 수 있다면

당신은 이미 완전하다.

친구여, 실수하는 것을 두려워하지 마라.

실수는 죄악이 아니다.

실수로 말미암아 창조적인 일을 할 수 있기에.

— 1969년 독일의 어느 상담실에서, 펄스

완벽주의 요소 2
: 정리 정돈 습관

...

완벽주의의 두 번째 요소는 '정리 정돈 습관'이다. 정리벽이 있는 완벽주의자는 깔끔함과 질서를 유지하는 것이 세상에서 무엇보다 중요한 일이다. 이들은 모든 물건이 제자리에 놓여 있을 때 가장 완벽하다고 느낀다. 이런 성향이 판단의 영역으로 옮겨진 완벽주의자라면 명확한 기준을 근거로 판단하고 이를 토대로 정한 순서나 규칙대로 모든 일을 수행하는 것을 선호할 것이다. 따라서 이들에게 "상황 봐 가면서 하자" 혹은 "식사 장소는 일단 나가서 정하자" 같은 두루뭉술한 말로 뭔가를 제안한다면 예상치 못한 강한 반응과 마주하게 될 수도 있다.

대부분의 완벽주의자에게는 '무언가를 통제할 수 있다'는 느낌을 잃지 않는 것이 중요한데, 그중에서도 정리 정돈 습관을 가진 완벽주의자는 통제에서 오는 안정감을 유지하기 위해 환경에 능동적으로 개입하려는 경향을 보인다.

가끔 일이 마음처럼 안 풀리는데 이 상황을 해소할 방법을 찾지 못하면, 홀린 듯이 집 청소를 하는 사람들을 볼 수 있다. 스스로 흡족하다 여길 정도로 완벽하게 청소를 끝마치면, 이들은 뭔가 해결책을 얻은 듯 홀가분한 모습을 보이기도 한다. 사실 완벽주의자에게 청소는 이 공간을 지배할 영향력을 지니고 있다는 것을 스스로에게 확인시켜주는 가장 확실한 방법 중 하나이다. 따라서 일이 안 풀릴 때 청소에 몰두한다는 것은, 어떻게든 통제력을 회복하고 싶어 하는 마음의 표현이라고 볼 수 있다.

이처럼 완벽주의자들은 일을 세부적으로 계획해서 장악하는 것, 질서 및 정리 정돈을 중요하게 생각한다. 또한 완벽하게 해내야 한다는 목적의식이 뚜렷하기 때문에 조직적이고 치밀하게 행동하는 편이다.

하지만 추진력이 있는 만큼 계획이 변경되는 것을 좋아하지 않기 때문에 주변에서 '고집스럽다'는 평을 들을 수도 있다. 또한 목표 지향적이라 쉬다가도 갑자기 일 생각이 나서 충동적으로 일하거나, 일이 완벽하게 다 끝날 때까지 쉬지 못하기도 한다.

완벽을 위한 나만의 루틴

완벽주의자들에게 정리 정돈이란 물건을 각 잡아 정리하는 데서 그치지 않는다. 일을 완벽하게 해내기 위해 꼭 필요한 '나만의' 단계들을 만들기도 한다. 사실, 나만의 의식ritual 혹은 루틴 routine을 가지고 있는 사람들은 흔히 만날 수 있다. 중요한 도전이나 시험을 앞두면 자신만의 의식을 치러야 마음이 편해지는 사람들이다.

가령 천주교 신자가 면접시험장에 들어가기 전 손으로 십자가를 그리는 것 같이, 일상생활에서 흔히 보는 루틴들은 의외로 많다. '루틴'하면 빼놓을 수 없는 대표적인 사람들이 바로 프로 운동선수들이다. 제1장에서 잠시 언급했던 것처럼, 경기의 승패로 한순간에 모든 것이 결정되는 프로 운동선수들에게는 스스로 마음의 안정을 찾고 긴장을 덜 수 있도록 돕는 루틴이 하나쯤은 있다고 한다.

야구경기를 보면 타석에 선 타자가 여러 번 배트를 고쳐 잡는 것을 자주 목격할 수 있다. 이는 최적의 스윙 자세를 찾기 위한 목적이기도 하지만, 가장 익숙한 손의 감각을 찾아 경기의 긴장감을 조절하려는 것이다. 배트 고쳐 잡기, 껌 씹기나 클래식 음악 듣기는 긴장이 유발되는 상황에서 온몸의 감각과 정신을 신체 감각으로 집중시켜 컨디션을 조절하고 끌어올리는 데 효과적인 행동들이다.

좀 더 감성적인 접근도 가능하다. 시즌 첫 우승을 거두었던 경기에서 입었던 유니폼을 오래도록 간직하면서 중요한 경기마다 착용하는 것도 '이번에도 잘 해내리라는' 소망을 담은 하나의 의식이라고 볼 수 있다. 물론 이런 상징적인 행동만으로 실제 생리학적인 긴장 완화 효과를 얻으리라 기대하기는 어렵다. 하지만 행운의 아이템을 가졌다는 생각이 심리적 위안을 가져다주고, 어떤 행위를 하는 것이 경기 전 불안을 다스리는 데 도움이 된다는 것은 확실하다.

특정한 유니폼을 착용해야만 마음이 안정되는 것처럼, 제3자가 납득하기 어려운 행동이라고 해도 자신의 감정을 다스리는 데 도움이 되고 남들에게 크게 피해가 가는 행동이 아니라면, 의식으로써 활용하지 않을 이유가 없다. 그런데 앞서 완벽주의에 대해 설명하면서 '과유불급'을 강조한 것처럼, 아무리 도움이 되는 의식이라도 그 종류가 너무 많고 복잡하다면 그 효용과 효과에 대해 고민해봐야 할 것이다.

다음 예를 보자. 한 테니스 선수의 '경기 전 의식pre game ritual'은 열아홉 단계[31]나 된다고 한다. 편의상 책에서는 네 가지만 소개한다.

1. 반드시 한 개의 테니스 라켓만 들고 코트에 입장한다.
2. 코트의 경계선은 절대 밟아선 안 되며, 선을 넘을 땐 꼭 오른 발로 넘는다.
3. 벤치에 도착하면 반드시 선수 신분증의 앞면이 보이도록 놓는다.
4. 몸 풀기에 앞서 '엉덩이가 바지를 먹지는 않았는지' 손수 확인한다.

경기 전에 딱히 테니스와 관련 없는 행동을 열아홉 가지나 하는 이 사람은 누구일까? 바로 세계 테니스 남자 단식 랭킹 1위, '클레이 코트의 황제'라 불리는 라파엘 나달Rafael Nadal이다. 나달은 2008년과 2016년 올림픽 금메달리스트로, 무려 스무 번이나 그랜드슬램타이틀을 거머쥔 세계 최고의 테니스 선수다. 오랫동안 세계랭킹 1위를 고수하고, 무려 83퍼센트가 넘는 승률을 기록한 나달조차 매 경기마다 이런 행동들을 반복하는 이유는 무엇일까? 심지어 그가 무려 열아홉 단계의 신성한 의식을 치르는 장면이 전 세계에 몇 번씩이나 방송이 돼 세간의 관심사가 되었는데도 말이다.

진짜 합리적인 게 맞을까?

완벽하게 목표를 수행하기 위한 계획에 열아홉 단계나 되는 신성한 의식이 반드시 필요한지 언뜻 의심이 든다. 완벽을 기하기 위해 질서와 계획이 그렇게 중요하다면서, 수행을 위한 곁가지 계획치고는 다소 많은 느낌이다.

사람은 원래 합리성과 비합리성을 동시에 지니고 있다. 천재 테니스 선수인 나달이 경기 전에 복잡한 행동을 반복하는 것만 봐도 알 수 있듯, 사람은 상황에 따라 합리적으로 행동할 수도 있고 놀랍도록 비효율적이고 비합리적인 모습을 보일 수도 있다. 물론 완벽주의자라면 완벽한 상태를 달성하고 유지하기 위해 합리적으로 행동하고 싶어 할 것이다. 그런데 기대와 다르게 완벽주의는 상식적으로는 무언가 잘 이해되지 않는 비합리적인 모습으로 나타나기도 한다. 왜일까?

'정리 정돈 습관'이라는 이 챕터의 주제로 다시 돌아와보자. 완벽주의자가 정리 정돈이라는 특징에 잘 맞지 않는 듯한 행동을 하는 이유는 아주 간단하게도 '좋은 점이 있어서'이다. 행동주의 심리학자로 널리 알려진 B. F. 스키너Skinner는 모든 행동에 그 나름의 기능이 있다고 설명했다. 우연히 어떤 행동을 했을 때, 그 행동의 결과로 좋은 것(예: 볼펜 돌리기를 한 번 한 뒤 시험문제를 찍었는데 맞혔을 때)을 얻거나 좋은 감정을 경험했다면 미래에 비슷한 상황에서 같은 행동을 반복할 '행동 경향성'이 커진다는 것이다.

나달의 복잡한 '경기 전 의식 행동'도 이러한 원리 안에서 이해해볼 수 있다. 중요한 경기를 앞두고 극심한 긴장감을 느낄 때, '엉덩이가 바지를 먹지 않았는지 확인했더니' 불안했던 마음이 풀어지거나 그날의 경기 결과가 평소보다 더 좋았을 수 있다. 이 행동과 경기 결과는 서로 전혀 관계가 없다는 걸 아마 나달도 잘 알고 있을 것이다. 하지만 일단 이 행동에 (우연히도!) 불안을 감소시키는 기능이 있다는 걸 체험하고 나면, 이후부터는 하지 않을 수가 없다. 좋은 결과와 이어졌던 특정 행동을 건너뛰고 불안해하느니, 그냥 그 행동을 하고 마음이 편해지는 쪽을 택할 가능성이 크기 때문이다. 그렇게 혹시나 하는 마음에서 반복하다가, 경기 전에 반드시 해야만 하는 의식이 되었을 것이다.

우리 주변의 가까운 예를 찾아보자. 완벽주의자 E는 하반기 업무계획서 작성을 시작하려고 자리에 앉자 심히 불안하다. 과연 오늘 안에 누구도 반박할 수 없는 완벽한 업무계획을 세우고, 한눈에 계획이 확인되는 보기 좋은 계획서까지 만들 수 있을까? 이런저런 생각에 망설이면서 빈 화면에 깜박이는 커서만 바라보다가 별안간 책상을 치우기 시작한다. 특별한 의도가 있었던 건 아니었지만, 책상을 깨끗하게 정리하고 나니 묘하게 마음이 편해진다. E는 몰려오는 불안 때문에 괴로웠던 순간에서 벗어나 잠시나마 평안을 느낀다.

여기서 '잘 정리된 책상'과 '완벽한 리포트 작성' 사이에는 아무런 관계가 없다. 다시 말해, 책상을 치우는 행위는 지금 E가 설정한 목표를 달성하는 데 반드시 필요한 합리적인 행동은 아니다. 완벽한 제안서가 목표라면 제안서 작성 계획을 세우는 것이 우선순위가 되어야 합리적이다. 하지만 E는 책상 정리로 불안을 완화하는 경험을 했기 때문에, 다음 상반기 리포트 작성을 앞두고도 (나아가, 다른 업무 때문에 비슷한 종류의 불안이 몰려올 때에도) 가장 먼저 책상을 정리하게 될 '행동 경향성'이 높아지는 것이다.

완벽주의자가 애초에 비합리적인 사람이라서 비합리적인 행동을 하는 게 아니다. 분명 직접 체험했던 어떤 경험에서 비롯된 근거 있는 행동이었을 것이다. 완벽함을 갈망하는 만큼 불안감도 커지기 때문에, 이를 잠재울 행동을 반복할 수밖에 없는 완벽주의자들의 마음을 이해할 수는 있다. 다만 사족이 길면 본질이 흐려지는 법, 책상 치우기 같은 행동이 과도하면 정작 해야 할 일을 하는 데 방해가 될 수 있다. 따라서 행복한 완벽주의자가 되려면 상황에 따라 유연하게 움직이고, 무리하지 않는 선에서 딱 필요한 만큼만 준비할 필요가 있다.

완벽주의자는 강박적인가?

매사를 정리 정돈하는 데 몰두하는 완벽주의자에 대해, 정신과 의사이자 완벽주의 연구자인 마크 홀렌더Marc Hollander[32]는 이렇게 함축했다.

완벽주의자에게는 모든 것이 제자리에 있어야만 한다.

'순서대로, 색깔별로, 규칙적으로'를 강조하는 완벽주의의 요소는 심해지면 제1장에서 잠시 언급했던 강박장애로 진행될 수 있다. 실제 연구에서 완벽주의와 강박증이 서로 관련되어 있다는 것이 확인되었는데, 특히 완벽주의의 부적응적인 면에서 영향을 많이 받을수록 과도한 '확인 행동(예: 필요한 물건을 다 챙긴 게 맞는지 과도하게 반복해서 확인)'을 포함해 여러 강박증 증상으로 악화될 가능성이 컸다.[33] 즉, 완벽주의는 그 정도가 심해지면 강박장애로 이어질 수 있다.

그렇다면 완벽주의자와 강박주의자는 어떻게 구분할 수 있을까? 앞서 언급한 정도의 차이 이외에도 완벽주의자와 강박주의자는 '행동의 목표' 측면에서 다소 차이가 있다. 강박주의자의 목표는 주로 그가 보이는 강박적 행동 자체와 연관된 것이다.

예를 들어, 강박적으로 책상을 치우는 사람의 목표는 '흐트러짐 없이 정돈된 책상'이다. 한편 완벽주의자가 책상을 정리 정돈하며 이루고자 하는 것은 정작 책상과는 무관하다. E는 책상 정리를 통해 완벽히 정리된 리포트를 작성할 수 있게 되기를 바랐다. 찍어낸 것처럼 예쁜 글씨체로 노트 정리를 한다고 해서 시험 성적이 오르는 게 아닌 것처럼, 정리 정돈된 책상과 완벽한 리포트는 서로 무관하다.

그런데, 책상을 정리 정돈하는 건 좋은 습관이 아닐까? 개인차가 있겠지만 아무래도 어질러진 책상보다는 잘 정리된 책상에서 일하는 게 더 효율적일 것 같다. '실수에 대한 지나친 염려' 부분에서 이야기했듯, 완벽주의의 부적응성은 '과도함'(및 '조절의 어려움')에서 오기 때문에, 정도가 지나치지만 않는다면 정돈하는 습관 때문에 문제가 발생할 가능성은 크지 않을 것이다.

다시 E의 상황으로 돌아와서, 업무에 쫓긴 E가 책상을 정리 정돈할 시간이 없다면 어떤 일이 벌어질까? 업무 처리 기한은 점점 다가오고 불안감이 마구 상승하는데, 약간이나마 불안감을 줄이기 위해 해왔던 행동을 할 수 없게 된다면 E의 불안감은 최고조에 달할지도 모른다. 책상을 정리 정돈해야만 업무를 완벽하게 처리할 수 있다는 반복된 믿음 안에서 이제 '어질러진 책상'은 완벽주의자인 E를 괴롭힐 엄청난 힘을 갖게 될 것이다.

점점 길어지는 '할 일 목록'

미국의 사회심리학자 로이 바우마이스터와 뉴욕타임스의 칼럼니스트 존 티어니John Tierney가 공저한《의지: 위대한 인간 강점의 재발견Willpower: Rediscovering the greatest human strength》[34]에서는 '사람의 의지가 근육과 같다'고 설명했다.

이 설명대로라면 인간의 의지는 근육처럼 단련할 수도, 휴식하면 회복할 수도 있다. 목표한 일을 실행하려면 의지력이 반드시 필요하다. 사람은 의지력을 통해 집중도 하고 유혹도 뿌리치면서 목표를 향해 나아간다. 계획을 세우는 데도 의지가 필요하다.[35] 완벽주의자들은 가끔 계획에 심취한 나머지 입이 떡 벌어질 만큼 세밀한 계획표를 만들고는 실행 전에 나가떨어지곤 한다. 한정된 의지를 계획을 세우는 데 다 써버려 정작 일하는 데 써야 할 의지가 부족해진 것이다.

완벽주의의 독은 언제나 과도함에서 비롯된다. 계획과 정리정돈이 지나치면 해야 할 일들이 무한 증식하는 상황이 벌어진다. 나달의 경기 전 의식도 원래는 한 가지에서 시작되었을 것이다. 나달의 루틴이 열아홉 단계나 되도록 늘어난 것처럼, 완벽주의자들의 할 일 목록to do list도 점점 늘어난다.

앞에 등장했던 E를 다시 소환해보자. 계획서 작성 전에 책상 정리를 하고 기분이 좋아진 경험을 한 이후로, 책상 정리는 무언가를 시작하기 전에 반드시 치러야 하는 E만의 의식이 되었다. 하지만 이번에는 시작 전에 책상 정리를 하고, 안경을 깨끗하게 닦는 일까지 포함시켰다. 그러고 나서 일이 술술 풀리자 '어? 안경을 닦았더니 일이 더 잘 되네?' 하는 생각이 들었다. 자, 이제 E에게는 '안경 깨끗이 닦기'라는 불안조절 장치가 '추가'됐다. '책상 정리하고 안경 닦기'가 실제 일을 시작하기 전에 반드시 해야할 루틴이 된 것이다. 이처럼 길어진 루틴을 완벽하게 반복할 수 없는 상황에 놓이거나, 그대로 따랐는데도 전처럼 불안이 효과적으로 완화되지 않는다면 해야 할 일은 '더 추가'될 것이다. 이것이 누적되어 그 어떤 장치로도 완전히 사라지게 할 수 없는 불안이 계속되면, 마침내 해야 할 일 목록은 다음 페이지의 'E의 업무계획서 작성 준비 리스트'처럼 계속 늘어나게 될 수도 있다.

리스트에서 보이는 것처럼 할 일이 '추가에 추가에 추가된' 상황은 단순한 루틴이 늘어난 수준이 아니라 그 자체로 목표가 된 것처럼 보인다. 가끔 이런 외부환경의 정리 정돈 습관이 자기 자신을 향하게 될 수도 있다. 때로 완벽주의자들은 깔끔한 옷차림, 단정한 헤어스타일, 대칭을 이루는 신체를 만들기 위해서 끊임없이 자신을 점검하며 비합리적인 할 일 목록을 고수하기도 한다.

E의 업무계획서 작성 준비 리스트

실제 목표	완벽한 업무계획서 작성하기

↑ 완벽하게 책상 정리 정돈하기

목표를 달성하기 위한 to do - 1

세부 사항 책상 위의 모든 서류는 라벨링을 통해 구분되어 있어야 한다.

세부 사항 모든 필기구는 색깔별로 정리되어 있어야 한다.

세부 사항 메모가 적힌 모든 포스트잇은 일렬도 부착되어 있어야 한다.

세부 사항 키보드에는 그 어떤 얼룩이나 먼지도 없어야 한다.

⋮

〈추가된 사항〉 안경을 깨끗하게 닦기

to do - 2

추가된 사항의 세부 사항 안경을 닦는 천은 항상 청결해야 한다.

추가된 사항의 세부 사항 안경이 조금이라도 더러워지면 즉시 닦을 수 있게 안경 닦기 천은 책상 위 모니터 받침대와 완벽하게 수평으로 놓여 있어야 한다.

⋮

to do - 3

추가에 추가된 사항 컴퓨터 모니터를 완벽하게 수평으로 맞추기

to do - 4

추가에 추가에 추가된 사항 화면을 2분할 설정하고, 새로운 이메일이 도착하면 즉시 확인할 수 있도록 오른쪽 하단 특정 위치에 정확히 알림 창 띄워놓기

런던의 스프링필드 대학병원 연구진은 자신의 신체를 과도하게 통제하려 드는 완벽주의자들은 습관적으로 '자신의 신체 곳곳을 면밀히 관찰하고' '특정한 옷(아주 작은 사이즈의 청바지)이나 액세서리를 이용해 신체 사이즈를 자주 점검하고' '체중을 과도하게 자주 측정하고' '거울 앞에서 지나치게 긴 시간을 보낸다'고 설명했다.[36]

이런 과도한 행동을 한 가지만 반복해도 자신의 신체에 대해 부정적인 생각을 가지기 쉬운데, 통제력을 중요하게 생각하는 완벽주의자들은 과도한 행동들을 여러 개 중복해서 하는 경우가 많다. 매일 아침 일어나자마자 체중계에 오르고, 몸무게가 늘지 않았더라도 몸매 점검용 청바지가 잘 잠기는지 확인하고, 전신 거울로 몸의 세부적인 곳곳을 살펴야 안심하곤 하는 것이다.

거울에 비친 얼굴을 오래 바라볼수록 작은 잡티나 불균형이 눈에 들어오는 것처럼, 세부적인 면에 과도한 관심을 기울일수록 불만족은 점점 커진다. 그리고 완벽하지 않다는 불안감을 감소하기 위해 더 많은 행동들을 과도하게 하게 된다.

이런 행동이 유발하는 가장 큰 문제는, 과정까지 완벽한 계획을 열심히 따르려다가 정작 가장 중요한 원래 목표가 무엇이었는지 잊어버리게 된다는 데 있다. 책상 정리와 안경 닦기 계획 전에는 '계획서 작성'이라는 목표가 있었고, 외모 점검을 위한 아침 루틴 전에는 '건강'이라는 목표가 있었다. 원래 목표를 기억하기 힘들 정도로 과도한 준비 및 중간 단계들이 생겼다면, 이 행위의 본래 목표가 무엇이었는지를 곰곰이 생각해볼 필요가 있다.

완벽함의 완벽함을 과정을 통해서도 이루기 위해 본질을 잊는다면, 이것은 과도한 것이라 봐야 한다. 과유불급이라는 중요한 표현을 이 경우에도 잊지 않길 바란다. 목표가 무엇이었든 이렇게 많은 단계를 해내고 있으니 완벽주의적인 성격 때문에 지치고 피곤하다는 호소는 당연히 이해된다. 이 모든 과정에 의지력을 계속 사용하고 있었을 테니 지칠 수밖에 없다.

심리학자로서, 이 모든 철저함 뒤에 나름의 사정이 있음을 이해한다. 완벽주의자인 당신은 책임을 다하기 위해 일사불란하게 정리 정돈하고 계획을 세워 맡은 일을 완벽하게 해내려고 했을 것이다. 잘하려고 했던 건데 잔뜩 몸집을 부풀린 할 일 목록이 옭아매면서 숨이 막혔을 것이다. 양파 껍질처럼 켜켜이 방어벽을 친 계획과 질서 안에 잘 해내고 싶어서 아등바등하는 완벽주의자의 간절한 마음이 느껴져 안타깝다.

다시 말하지만 인간의 의지는 근육과 같다. 쉬면 다시 차오른다. 완벽한 계획이 잘 안 세워져서 혹은 완벽한 계획을 세우려다 지쳐버렸다면, 그리고 완벽한 계획을 따라가는 일이 너무나 벅차다면 잠깐 쉬도록 하자. 일단 쉬고, 충분히 회복했다는 생각이

들 때 다시 처음으로 돌아가야 한다.

애초에 과제의 목표가 무엇이었는지 한번 생각해보자. 완벽주의자인 당신에게는 과제를 해결할 수 있는 능력이 충분히 있다. 혼자 해내기 어렵다면 다른 사람에게 물어보고 도움을 받아도 괜찮다. 필요한 도움을 받고 고맙다고 인사하는 것도 능력이다. 내가 가진 강점을 어떻게 활용할 것인가 가장 중요하다는 점을 기억하자. 완벽주의자만이 가질 수 있는 굳센 의지를 진짜 필요한 곳에 집중해서 사용한다면, 우리는 분명 행복한 완벽주의자가 될 수 있을 것이다.

완벽주의 요소 3
: 부모의 높은 기대

...

완벽주의의 세 번째 요소는 '부모의 높은 기대'이다. 종종 주변에서 "완벽주의도 유전이 되나요?" 같은 질문을 하는데, 완벽주의가 부모로부터 물려받은 DNA에 내재되어 있는지는 아직까지 과학적으로 밝혀진 바가 없다. 하지만 많은 연구에서 완벽주의적인 부모가 완벽주의적인 자녀를 둔 경우가 많다[37]는 것이 밝혀졌다. 그렇다면 완벽주의적인 성격을 갖게끔 하는 어떤 특수한 유전자가 존재하는 것일까? 심리학 연구자들은 가족관계를 중심으로 완벽주의 성격의 '기원'을 찾기 시작했다. 결과적으로, 완벽주의는 가족 내에서 대물림되고 있었다.

로버트 슬레이니와 제프리 애쉬비Jeffrey Ashby의 논문 〈완벽주

의자: 기준 유형 연구)에서 37명의 완벽주의자에게 자신의 완벽주의의 근원에 대해 질문했더니, 대부분이 가정환경을 가장 중요한 요소로 꼽았다.[38] 그중 30명은 자신의 완벽주의가 부모로부터 왔다고 응답했다.

많은 부모는 자녀에게 늘 좋은 것, 최고의 것을 주고 싶어 한다. 혹시 나의 못난 면을 닮진 않을까, 나의 양육 방식이 아이를 나쁜 방향으로 자라게 하지는 않을까, 자녀 앞에서는 말과 행동을 조심하고 부부싸움도 꾹 참는다. 자녀 교육에 좋다는 것엔 자동적으로 귀가 쫑긋해진다. 완벽주의적인 부모라면 '완벽한 양육'에도 남다른 노력을 기울인다.

사회학습이론Social Cognitive Learning Theory으로 유명한 심리학자 앨버트 반두라Albert Bandura는 《변화하는 삶 속에서의 자기효능감》이라는 책에서 아이들이 어른들의 완벽주의를 모방한다[39]고 설명한다.

폴 애플턴Paul Appleton, 하워드 홀Howard Hall 및 앤드루 힐Andrew Hill이 실시한 연구에서는 영재 수준의 재능을 가진 운동부 청소년과 그들의 부모(어머니-자녀 302쌍, 아버지-자녀 259쌍)가 지닌 완벽주의를 조사했을 때, 부모가 완벽주의자이면 자녀가 완벽주의적인 면모를 보이게 될 가능성이 더 컸고, 이 경우 부모와 자녀가 보인 완벽주의의 특징까지도 일치하는 것으로[40] 밝혀졌다.

완벽해야 한다는 압력

그렇다면 '자녀를 어떻게 키워야 바람직할까?' 100명이면 100가지 의견을 내면서 열띤 논쟁을 할 수 있는 주제이다. 양육에는 정답이 없고, 모든 양육 방법에는 장단점이 있다. 분명한 것은 가정환경이 자녀의 완벽주의 발달에 영향을 준다는 사실이다. 사회적 반응 모델social reaction model에서는 아이들이 중요한 주변인의 평가나 피드백에 대해 반응하면서 점차 완벽주의자로 자라날 수 있다고 설명한다.

예를 들어, 아이들은 부모의 기대에 부응하기 위해 완벽해지려고 노력했을 수 있다. 또는 문제가 발생할 때마다 처벌을 가하는 선생님에게 혼나는 게 무서워서, 혹은 뛰어난 형제자매와 비교돼 창피당하지 않기 위해 완벽을 추구하게 되었을 수도 있다. 이렇게 보면 완벽주의는 일종의 대처 방식에 가깝다. 어떤 일이 벌어질지 예측할 수 없는 환경에서 통제감을 느끼기 위해 자연스럽게 완벽주의가 발달하는 것이다.

부모의 양육 안에는 통제도 있고 사랑도 있는 법[41]이다. 그리고 이 두 가지 요소는 자녀의 완벽주의 발달과 관련성이 높다. 통제가 지나치면 아이에게 가혹한 기준을 제시하면서 과잉통제하게 되고, 통제가 없으면 방치나 방임이 된다. 사랑도 지나치면 과

잉보호가 되고, 부족하면 차가운 처벌과 비판이 된다.

이때 완벽주의자인 사람이 부모의 양육태도를 어떻게 기억하고 있는지가 중요한데, 완벽주의로 심리적 압박을 많이 받는 사람들은 어린 시절에 애정 없는 통제affectionless control를 받으며 자랐다고 기억한다.[42] 대개 부모가 엄청난 기대를 하면서 일거수일투족에 관여했고, 기대에 못 미치면 "그것밖에 못하니?"라는 비난을 들었던 것으로 보인다. 어린 자녀는 부모가 제시한 엄격한 기준에 도달하지 못해서, 그리고 부모에게 인정받지 못할까 봐 늘 마음을 졸일 것이다.

물론, 부모의 기대가 높았다고 해서 자동적으로 완벽주의자가 되는 것은 아니다. 기대를 표하더라도 부모의 따뜻한 미소와 사랑이 함께 느껴졌거나, 심하게 가혹한 비난 혹은 과도한 칭찬이 수반되지 않았다면 완벽주의가 강화될 가능성은 크지 않다. 자녀 입장에서는 좀 시달린다는 느낌을 받을 수 있지만, 자녀들도 부모가 다 본인이 잘되라고 하는 말인 줄 알기 때문이다.

항상 극단적인 것이 문제가 된다. 수치심을 느낄 만큼 극단적인 비난을 부모에게서 들으면, 자녀는 비현실적인 기준에 도달하려고 안간힘을 쓰게 된다. 반대로 극단적으로 긍정적인 평가만 들어도, 자녀는 자신에게 비현실적인 기준을 목표를 달성할 충분한 능력이 있다고 믿으면서 완벽에 매달리게 된다.

각인된 부모의 높은 기준

아무리 그래도 부모와 아이는 엄연히 다른 사람인데, 어떻게 복사해 붙인 것처럼 부모의 높은 기대가 아이의 높은 기준으로 직결될 수 있을까? 부모와 자녀가 한 몸도 아닌데, 부모가 '내 아이는 완벽하고 순종적이어야만 해'라고 생각했다고 자녀 또한 스스로 '나는 완벽하고 착한 사람이 되어야 해'라고 생각하게 된다는 것은 상식적으로 납득하기 어렵다.

심리학에서는 다른 사람의 생각이 내 안에 그대로 흡수되는 현상을 내면화internalization라고 한다. 이는 다른 사람의 호감을 사기 위해 내 생각, 태도, 행동을 그 사람의 뜻에 맞도록 변화시키는 것을 의미한다. 처음에는 의식적으로 노력하지만, 조금만 시간이 지나면 습관처럼 몸과 마음에 배이게 된다.

예컨대 직장인은 출퇴근할 때 내가 지금 어디에 있는지, 어디로 가고 있는지 바짝 긴장하지 않아도 길을 잃지 않고 이동할 수 있다. 처음에야 의식했겠지만 입사 3개월만 지나면 반수면 상태로도 출근을 할 수 있다. 이와 마찬가지로 완벽주의도 처음에는 부모의 기준을 의식적으로 따라 하는 것에서 시작됐겠지만, 점차 습관처럼 부모의 높은 기준을 자신의 기준으로 설정하게 된다. 특히 어린 시절은 부모의 사랑이 절대적이기 때문에 부모의 기대에 부응하려고 애를 많이 쓰게 되고, 자연스레 부모의 생각과 목표를 따르는 것이 옳다고 여기며 이에 익숙해지게 된다.

완벽주의적인 부모라면 아이가 잉태되었다는 것을 안 그 순간, 시중의 온갖 육아 관련 서적을 통째로 외워버릴지도 모른다. 그래서 머리로는 잘 알고 있다. "내 아이에겐 무조건적인 존중과 공감을 해주어야지!" "칭찬은 행동보단 노력에 대해, 구체적으로 하는 것이 좋겠구나!" 등등, 심리적으로 건강한 아이로 기르기 위한 노하우들을 상세히 알고 있다. 하지만 많은 연구 결과가 보여주는 것처럼, 부모의 완벽주의적인 성격과 그 속에 내재된 부적응성이 자녀에게 계승되곤 한다. 당신이 부모의 기대를 많이 받고 자랐다는 생각이 강한 완벽주의자라면, 높은 확률로 다음과 비슷한 경험을 가지고 있을 것이다.

F의 예를 살펴보자. F가 갓 태어났을 때, 부모는 완벽한 돌봄을 통한 최상의 양육을 지향했다. F를 임신했을 때 어머니는 자신이 먹는 것이 모유를 통해 바로 아기에게 전달될 것이므로, 태아를 위한 완벽한 영양 식단을 찾아보고 공부해서 출산 전까지 그 식단을 고수했다. 막 기어 다니기 시작한 F를 보호하기 위해 아빠는 온 집안의 모서리마다 충격 완화 쿠션을 덧댔다. 행여나 빠진 곳이 있을까 아버지는 집 안을 몇 번이고 샅샅이 훑어 단 한 곳의 빈틈도 용납하지 않고 완벽하게 쿠션을 설치했다. F의

부모는 최상의 양육을 통해 자녀를 키워야 한다는 의지가 강했고, 생각대로 완벽한 돌봄을 F에게 제공했다. 그리고 F는 아주 어린 시절부터 그런 부모의 모습을 지켜보며 자랐다.

어느 날, 유치원생이 된 F가 80점짜리 받아쓰기 시험지를 부모 앞에 쑥 내밀었다. 부모의 표정에 드러난 미세한 감정 신호를 자녀가 얼마나 기민하게 눈치 챌 수 있는지 알게 되면 아마 놀랄 것이다.[43] 짧은 순간이지만, F는 굳어지는 부모의 표정이 무엇을 의미하는지를 본능적으로 알 수 있었다. '난 정말 열심히 했는데, 엄마 아빠의 표정이 차가워. 내가 뭔가 잘못한 것 같아……'

이후 부모의 코칭에 따라 철저히 받아쓰기를 연습한 F는 드디어 100점을 받게 되었다. 100점짜리 시험지를 보여주자 부모의 반응이 80점 때와는 극명하게 달랐다. 환하게 웃는 엄마와 아빠의 얼굴, 머리를 쓰다듬는 손길이 너무나 따뜻하다. 이제 F는 이런 생각을 마음속에 새기게 된다.

If "시험에서 100점을 맞는다면"
Then "부모님은 기뻐하시고, 나는 사랑받을 수 있어."

구체적으로, 부모의 기대를 많이 받고 자랐다는 생각이 강한 완벽주의자들의 세부 영역은 다음과 같은 내면화된 메시지의

'내용'에 영향을 받는다.

자녀가 내면화할 가능성이 큰 부모의 완벽주의적인 메시지

"공부 열심히 해서 명문대에 가는 게 무엇보다 중요해."

"똑똑한 거 다 소용없다. 예의를 갖춰서

어떻게든 윗분들 눈에 들어야 살아남을 수 있어."

"네 몫은 반드시 챙겨야 해. 남들 배려한다고 손해 보지 말고

단돈 100원이라도 허투루 쓰면 안 돼!"

"돈이 대수니? 명예가 최고란다.

네가 성공해서 피라미드의 꼭대기에 서야 무시당하지 않아."

학업 성취의 영역에서 완벽주의를 추구했던 부모의 메시지를 따라 F는 주로 '성적'에 대한 완벽주의를 형성하게 되었다. 다른 경우도 있다. '착한 아이'가 되어야 한다는 부모의 메시지를 내면화한 완벽주의자는 수능시험 만점을 받아 명문대학에 입학하는 것보다, 소속된 집단의 상급자들로부터 인정받는 데 더욱 완벽주의적으로 몰두하게 된다. 이는 완벽주의자인 부모를 따라 자녀도 완벽주의자가 될 수 있을 뿐 아니라, 내면화한 메시지의 영향으로 완벽주의의 주된 초점이 대물림될 수 있음을 보여준다.

부모의 완벽주의적인 기준을 내면화한 자녀의 경험을 더 구

체적으로 살펴보면, 부모의 기대에 부응하기 위해 만든 온갖 규칙들이 존재한다. '만약 내가 완벽하다면 아무도 나를 해치지 않을 거야'라든지, '만약 성공하지 못하면 내 인생은 무의미해'와 같은 식의 '조건-행동 규칙condition-action rule'이 생기는 것이다. 부모의 '~해야 한다'는 메시지는 천천히 자녀의 마음속으로 스며들어 내면화되고, 나중에는 부모의 직접적인 개입이 없을 때에도 무의식적으로 작동하게 된다.

따뜻함과 온화함의 내면화

완벽주의자들의 마음속에는 완벽을 위한 명령어들이 가득하다. '피라미드 꼭대기에 서야 무시당하지 않아' '완벽하게 내 감정을 통제해야 해' '완벽하지 않으면 쓸모가 없는 사람이 될 거야'. 이런 명령어들을 살펴보면, 완벽주의사들은 양육의 두 가지 요소인 통제와 사랑 중 특히 '강압적인 태도'를 완전히 내면화했다는 것을 알 수 있다. 부모보다 더 엄격하게 자신을 통제하면서, 절대로 가까운 사람들을 실망시키지 않겠다고 다짐한다. 완벽주의 성향을 지닌 채 좀 더 자라게 되면, 부모가 아닌 자신이 스스로를 가장 냉정하게 평가하며, 완벽을 앞세워 자연스럽게 명령어들을 상기하게 된다. 이렇게 보면 무언가 심각한 악순환에 빠진 것 같다. 하지만 완벽해야 한다는 심한 압력이 있다고 해도 그 압력을 어떻게 대할 것인지 선택할 기회는 남아 있다.

완벽주의자마다 완벽을 추구하는 영역은 다르다.[44] 하지만 다양한 기대와 기준을 만족시키느라 자신을 친절하고 온화하게 대할 틈이 없다는 점에서는 같다. 성과, 대인관계, 신체 능력, 집안, 외모처럼 분야는 달라도, 완벽주의 성향을 지닌 대부분의 사람은 주로 과거에 가장 크게 인정받고 성취를 이뤘던 영역에 몰두하게 된다. 주어진 과제(일)가 특히 그 영역과 관련되면 완벽하게 해내지 못할까 봐 더 걱정하는 경향이 있다.

완벽주의자들은 자신의 기준뿐 아니라 사회문화적 기대에도 부응하고 싶어서 자신을 다그친다. 예를 들어, 수학 능력이 뛰어나다고 알려진 동양인이 서양 국가에서 유학을 하게 되면, 기대에 부응하기 위해 뛰어난 수학 능력을 보여야 한다는 부담감을 경험한다.[45] 성인 열 명 중 아홉 명은 '우리 인생에서 외모가 중요하다'고 생각하는 한국 사회[46]에서 살아가는 완벽주의자들은 뛰어난 신체 능력, 멋진 외모를 가꾸어야 한다는 심리적 압박을 받을 수 있다.

완벽주의자들은 엄격함과 채찍질로 스스로를 단련하는 데 열중하는 경향이 크기 때문에, 고통스럽거나 부적절하다는 생각이 들어도 자신에게 친절하게 대하지 못한다. 실수를 덮고 넘어가거나, 마음을 안아주려는 노력을 어떻게 해야 하는지를 알지 못하는 것이다. 그렇지만 다 큰 성인이 된 지금 부모의 양육 태도를 되돌아보며 왈가왈부하는 게 얼마나 의미가 없는 일인지도 잘 안다. 성인이 됐다는 건 스스로를 돌볼 수 있다는 의미이다. 이제는 부모 대신 내가 나 스스로를 돌볼 수 있어야 한다. 그러니 따뜻하고 이해심 넘치는 부모처럼 스스로를 감싸 안고 다독일 여유를 가지도록 노력해야 한다.

생각해보면 아이나 어른이나 똑같이 어느 정도의 통제도 필요하고 따뜻한 사랑과 자상함도 필요하다. 당신이 완벽주의자라면, 이미 통제는 차고 넘칠 만큼 충분하다는 것을 잊지 말자. 행복한 완벽주의자가 되려면 따뜻함과 온화함이 필요하다. 처음에는 낯설고 어색할지 모르지만, 세상에서 나를 가장 따뜻하게 안아줄 수 있는 사람은 바로 나 자신이라는 것을 기억하고 오늘부터라도 친절하게 나를 대해보자. 무의식적인 통제가 당신의 것이 되었듯 다정함도 당신의 것이 될 수 있다.

지금 딱 3초만 호기심 어린 눈으로 자신을 바라보자. 바꾸려고도 하지 말고, 과장하지도 말고, 그냥 있는 그대로 가만히 바라보는 것이다. 우리가 완벽주의의 진짜 주인이 되려면 '진정성 authenticity'[47]이 필요하다. 나를 외면하지 않고, 내 안의 수많은 통제적 메시지들에 얽매이지 않고, 진짜 나를 마주하고 격려하는 것이다. 내 마음에 이런 메시지를 전해보자. '지금까지 애썼어. 열심히 했어. 많이 힘들었지만 덕분에 여기까지 잘 왔어. 수고했어. 앞으로도 잘해보자.'

완벽주의 요소 4
: 높은 성취 기준

• • •

완벽주의의 네 번째 요소는 '높은 성취 기준'이다. 우리나라처럼 경쟁적인 사회에서는 높은 기준에도 부합하고, 목표 달성 과정도 흠잡을 데 없어야 성공이라고 본다. 성취 기준이 높은 완벽주의자는 자신이 하는 모든 일에서 최고가 되기 위해, 가능한 완벽하기 위해 애쓴다.

여기서 높은 성취 기준의 기준점은 '나의 기준'과 '내가 생각하는 타인의 기준'으로 나눌 수 있다. 나의 높은 기준은 스스로 세운 완벽함의 상태를 중요하게 생각하거나, 될 수 있는 한 완벽해지기 위해 노력하는 것을 의미한다. 반면에 내가 생각하는 타인의 기준은 완벽해야만 다른 사람들이 나를 좋아할 것이고, 사람들이 나에게 완벽함만을 기대한다고 여기는 것을 의미한다. 스스로 높은 기준을 가진 경우는 자신을 자랑스럽게 생각하고, 해낼 수 있다는 자신감도 높은 경우가 많다. 이 경우 스트레스만 잘 조절하면 행복한 완벽주의자가 될 수 있다. 또한 단순히 다른 사람들이 나한테 너무 많은 걸 요구하고 있다고 생각한다면, 적당히 하라고 버럭 화를 내고 털어버릴 수도 있다. 하지만 타인의 기준 중 일부가 내 안에 흡수된 상태에서는 꾸역꾸역 그 기준을 따르려고 할 가능성이 크다.

타인의 기준에 부합하기 위해 애쓰게 되는 대표적인 예는 앞에서 살펴본 대로 '완벽주의적인 부모의 기준을 내면화한 자녀'라고 할 수 있을 것이다. 하지만 모든 완벽주의가 부모로부터 계승돼 발현되는 것은 아니다. 자라면서 교사, 또래 등 의미 있는 주변인으로부터 자신의 가치에 대해 긍정 혹은 부정적인 평가를 받은 경험이 많거나, 완벽할 것을 요구하는 사회적 분위기에도 영향을 받는다. 따라서 완벽주의의 발달 과정은 개인마다 다를 수 있다. 가령, 한창 또래 관계에 집중하고 자아가 성숙되지 않은 청소년기에 유행에 뒤처진 옷을 입었다며 친구들로부터 놀림을 당한 경험이 있어서 이것이 마음속에 상처로 남아 지워지지 않았다면, 성인이 되어서 타인에게 보이는 옷차림에 완벽주의적으로 신경을 쓰게 될 수도 있다.

내 뜻대로 완벽주의 활용하기

완벽주의자의 기준은 매우 높고 섬세하다. 자신감에 찬 행복한 완벽주의자든 높은 불안 때문에 걱정이 많은 불행한 완벽주의자든 기준이 높은 건 마찬가지이다. 그렇다면 도대체 어떤 차이가 있기에 전자는 완벽주의를 '활용하고' 후자는 완벽주의에 '시달리는' 걸까?

예를 들어보자. 최근 몇 년간 '퍼스널 컬러personal color'[48] 진단이 크게 유행했다. 나의 피부 톤에 꼭 맞는 색깔과 조합을 찾을 수 있다는 점이 매력적이라, 특히 취업 시즌에 붐이 일었다. 단순히 올해 유행하는 컬러가 아닌, '나에게 꼭 맞는 컬러'를 찾아준다는 점에서 크게 각광을 받았다.

맞춤형 퍼스널 컬러처럼, 행복한 완벽주의자가 설정하는 성취 기준은 '나의 기준'이다. 나의 기준이 성취의 기준이 되는 것은 완벽주의를 강점으로 활용하는 데 반드시 필요하다. 하지만 아쉽게도 많은 완벽주의자들이 나의 기준과 내가 생각하는 타인의 기준에 양다리를 걸친 채 '내 것인 듯 내 것 아닌' 목표를 추구하는 것이 현실이다.

완벽해야만 다른 사람들이 좋아할 것이라는 생각에 타인의 기대를 바탕으로 성취의 기준을 설정하면, 적극적으로 목표를 성취하는 데 방해를 받는다. 타인의 기준을 중심으로 완벽주의적인 노력을 하면, 꾸준함persistence이라는 강점이 집요함으로 변질되기 때문이다. 누구나 아는 것처럼, 목표를 성취하기 위해서는 꾸준함이 반드시 뒷받침되어야 한다. 보통은 목표 추구 행동이 멈추면, 꾸준함도 종료된다.

그런데 이상하게도 타인의 기대에 부응하려고 완벽을 추구하면, 머릿속에서 목표와 관련된 생각이 멈추지 않는다.[49] 이렇게 반복적이고 끈질긴 생각을 심리학에서는 반추rumination라고 하는데, 생각이 꼬리에 꼬리를 무는 것을 의미한다. '인정받으려면 더 잘했어야 하는데' '팀장님 마음에 안 드시나?'와 같은 생각들 때문에 도무지 스스로 만족할 수가 없다. 또한 과제를 완성하는 과정에서 내가 세운 본래의 목표는 퇴색되고, 팀장의 심기와 반응을 살피며 그에 따라 과제의 주제가 바뀌어버리는 당황스러운 상황이 벌어질 수도 있다.

행복한 완벽주의자는 자신의 판단에 따라 완벽주의적으로 노력할 가치가 있는 영역(예: 대학 성적, 특정 프로젝트, 건강관리)을 선택한다. 또한 주변에서 부과하는 기준과 시선은 참고만 할 뿐, 이에 휘둘리지 않는다. 이들에게는 '나의 흥미와 관심사는 무엇인가? 무엇을 추구하며, 어떤 삶을 살길 원하는가?'가 가장 중요한 질문과 기준이 된다. 이처럼 주변의 시선이나 다른 사람의 추천에 의해서가 아닌, 나 스스로가 원하는 목표를 향해 갈 때 우리는 '자율성'의 힘을 발휘할 수 있게 된다. 자율성은 목표를 추구하는 과정 안에서 나 자신이 주인일 때 사용할 수 있는 강력한 힘이다.

스스로의 높은 성취 기준을 따르는 완벽주의자는
타인의 의견을 '참고만' 한다.

다른 사람의 기대에 부응하고 맡은 일에 책임을 다하려는 태도 그 자체에는 당연히 문제가 없다. 고생스러운 순간들을 견디면서 꾸준히 노력했기 때문에 그간 많은 성취를 이룰 수 있었을 것이다. 먼저 그런 자신을 자랑스럽게 생각하기 바란다. 더불어 행복한 완벽주의자가 되려면 다음의 두 가지를 기억하면 좋겠다.

첫째, 목표를 정할 때 '반드시' 혹은 '무슨 일이 있어도'라는 말은 생략하자. 이런 말을 자주 하면 실패에 대한 염려와 만족스럽지 않은 결과에 대한 자기 비난을 피하기 어렵다. 이는 스스로 불행한 완벽주의자가 되는 코스를 밟는 것이다. 대신에 '가능하면' 혹은 '내가 할 수 있는 최선을 다하자'와 같이 좀 더 유연한 말을 추가하자. 부담이 줄어들면서 목표 달성을 위해 노력하는 즐거움을 알게 될 것이다.

둘째, 목표를 정할 때 '○○를 기쁘게 하기 위해서' 혹은 '○○의 인정·칭찬을 받기 위해서'라는 마음보다는 '그 목표가 나 자신에게 어떤 의미가 있는지' 혹은 '이 일에서 내가 정말 원하는 것은 무엇인지'를 먼저 고려하자. 요컨대 더 자유롭게 목표를 추구하고, 재미있고 즐겁게 일을 할 때 행복한 완벽주의자가 될 수 있다는 것이다. 달성하지 못하면 죄책감을 느끼는 목표보다는 내가 스스로 결정했다는 느낌이 드는 목표를 먼저 선택해보자. 해야만 하는 것 대신 '하고 싶은 것'을 먼저 하는 것이다. 나 스스로 정한 성취 기준에 따라, 나에게 중요한 영역에서, 내가 결정한 목표를 추구할 때 행복한 완벽주의자가 될 수 있음을[50] 기억하라.

영재들의 완벽주의

높디높은 성취 기준을 만족하기 위해 애쓰는 완벽주의자의 모습을 보면 언뜻 노력과 집착은 한 끗 차이라는 생각이 들기도 한다. 성취 기준 자체가 비현실적이어서 달성할 가능성이 0퍼센트라면, 이에 쏟아 붓는 노력은 의미 있는 것이라고 말하기 어려울 것이다. 애처로울 정도로 노력하는데도 성취 기준이 너무나 높아 달성될 리 만무하기 때문에, 해냈다는 성취감을 느끼게 될 가능성이 현저하게 떨어진다는 것은 안타까운 일이다.

그렇다면 비현실적일 만큼 대단한 성취를 이뤄낼 재능을 갖춘 영재들의 경우는 어떨까? 탁월함을 타고났기 때문에 그 어떤 완벽주의적인 성취 기준이라도 너끈히 달성해낼 수 있을까? 물론 타고난 재능을 발판 삼아 반짝이는 성취를 이룬 영재의 사례도 많지만, 재능을 꽃피우지 못한 채 사라진 '비운의 영재'도 적지 않다. 영재의 재능을 살려주지 못한 주입식 교육 시스템의 문제 외에도, 영재 스스로 비현실적이고 비합리적인 완벽주의 때문에 고통받다가 시들어버린 경우도 분명히 존재한다. 그래서 심리학자들은 '탁월함'과 '완벽주의' 사이에 어떤 특별한 관계가 있는지 살피기 시작했다.

결과적으로, 영재라고 해서 무조건 완벽주의자로 성장하는 것은 아니었다.[51] 미국의 학업 영재 400명을 대상으로 완벽주의 유무와 성향에 대해 연구해본 결과 완벽주의자가 아닌 영재는 38퍼센트, 행복한 완벽주의자인 영재는 42퍼센트, 불행한 완벽주자인 영재는 25퍼센트를 차지하는 것으로 나타났다.

이 각각의 영재들에게 스스로 어떤 사람인지를 묻자, 다음과 같은 답변이 나왔다. 먼저 완벽주의자가 아닌 영재들은 스스로를 산만하고 정신이 없는 편이고, 생각이 산발적이고 계획적이지 않은 사람이라고 응답했다. 이들 중에는 비범한 학습능력에도 불구하고 읽기, 쓰기, 산수 계산, 추론에 곤란을 겪는 영재들도 있었다.

한편 행복한 완벽주의자인 영재는 자신은 믿음직하고 성실하며 활발한 사람이고, 게으르거나 쉽게 화를 내지는 않는 편이라고 응답했다. 이들은 스스로 평가한 개인적 기준 점수가 '중상'에 해당했다. 기준이 높지만 현실에 적합하도록 재설정이 가능하다는 것을 알 수 있다.

마지막으로, 불행한 완벽주의자 영재들은 자신에 대해 우울하고 성마르며, 명랑하지도 친절하지도 않은 편이라고 응답했다. 이들은 스스로 부과한 개인적 기준 점수가 세 집단 중 가장 높았고, 실수에 대한 염려 점수와 본인이 부모로부터 얼마나 기대를 받고 자랐다고 생각하는지를 반영하는 부모의 기대 점수도 높았다. 이들은 불안하고, 정서적으로 불안정하며, 과도하게 경쟁적인 성향을 보였다.

행복한 완벽주의자는 자율성이 주는 강력한 힘을 사용해서 몰두할 만한 영역과 노력하지 않아도 될(혹은 노력해도 소용없는) 영역을 구분한다. 따라서 완벽주의적으로 대할 만한 가치가 없다고 판단한 영역에서는 과감히 힘을 뺄 수 있다.

제아무리 대단한 천재라도 모든 영역에서 성공할 수는 없다.

세계적인 수학 천재가 음악 콩쿠르에서 대상을 수상하고, 동시에 올림픽 수영 금메달리스트가 되는 건 드라마에서나 가능한 비현실적인 이야기다. 즉, 자신에게 주어진 '모든' 일을 티 없이 완벽하게 해내려고 하는 건 비현실적이다. 행복한 완벽주의자들은 능력이 뛰어나서 더 자신감 있고 삶의 만족도가 높은 게 아니라, 완벽주의적으로 몰두할 영역과 아닌 영역을 구분할 수 있기 때문에 과도한 불안에 떨거나 모든 일을 완벽하게 해내지 못했다며 자책하게 될 가능성이 적은 것이다. 스스로의 성취 기준에 따라 내게 가장 걸맞은 영역에 선별적으로 초점을 맞출 수 있다면 행복한 완벽주의자의 모습, 즉 완벽주의의 적응성을 잘 활용할 가능성이 커진다.[52]

자기 비난이라는 부작용

높은 성취 기준을 가진 완벽주의자에게서 발견되는 심각한 취약점이 하나 있다. 바로 스스로에게 끊임없이 비난의 화살을 돌리는 자기 비난self-criticism 경향이 강하다는 것이다. 자기 비난은 자신이 가진 결점에만 주목해 스스로를 깎아내리고 비난하는 것을 말한다.

영국의 심리학 연구자들이 주기적으로 운동하는 97명의 젊은 여성 참가자들을 대상으로 '높은 성취 기준' '자기 비난' 그리고 '지나친 운동' 사이의 관계를 살펴보았다.[53] 연구 결과, 참가자들이 지닌 몸매 혹은 신체적 건강에 대한 높은 성취 기준은 지나친 운동으로 이어지지 않았다. 높은 성취 기준은 참가자들이 주기적으로 운동하도록 동기를 부여할 뿐, 운동이 지나쳐서 발생하는 부정적인 결과와는 직접적으로 관련되지 않았다.

그런데 높은 기준에 '자기 비난'이 더해지자 상황이 완전히 달라졌다. 운동 과정에서 부상을 입었는데도 쉬지 못하고 또다시 운동을 하거나, 불가피한 상황으로 운동을 하지 못하면 죄책감을 심하게 느꼈다. 자기 비난은 행복한 완벽주의자가 될 수 있는 사람들마저 불행한 완벽주의자의 늪으로 끌어내리는 그야말로 킬러killer 변수였다.

잠깐 생각해보자. 혹시 스스로에게 '핑계 대지 마!' '노력 부족이야!' '야, 이 한심아!' 같은 말을 하고 있는가? 그렇다면 지금 당장 멈춰야 한다. 이것이 바로 자기 비난이다. 잠깐 심호흡을 하고 마음속 정지 버튼을 눌러보자. 메아리처럼 여운이 남아 떠돌아도 괜찮다. 그냥 두면 된다. 없애려고 노력할 필요도 없다. 그저 스스로에게 부정적 메시지를 던지는 일을 잠시 멈추면 된다.

만약 어렵다면, 내가 좋아하는 곳으로 가서 마음을 다스려보

자. 조용한 산속이나 한적한 공원, 파도치는 소리가 들리는 바닷가, 커피향이 그윽한 카페도 좋다. 이제 주변 소리를 들어보자. 빗소리가 들릴 수도 있고, 자동차가 지나가는 소리, 사람들의 기분 좋은 웃음소리가 들릴지 모른다. 향긋한 아로마 냄새를 맡아도 좋고, 반짝이는 나뭇잎을 유심히 봐도 좋다. 이렇게 의식적으로 주의를 전환하면, 부정적인 기분의 강도를 약하게 만들어주는 효과가 있다.

기분이 조금 나아졌다면 스스로에게 친절하고 관대하게 대해보자. 심리학에서는 이런 태도를 '자기 자비self-compassion'라고 한다. 가족이나 연인처럼 소중한 사람이 열심히 노력했는데도 아쉽게 실수했거나, 중요하게 여기는 일에서 성과를 거두지 못해 좌절하고 있을 때 당신은 뭐라고 말할 것인가?

그들을 진심으로 사랑하고 소중하게 여긴다면 아마도 긍정의 말을 해줄 것이다. 더 잘하라는 채찍질도 상황을 봐가며 해야 하

내가 다른 사람에게 하는 말	내가 스스로에게 하는 말
- 그 정도면 충분해!	- 핑계 대지 마!
- 고생했어!	- 노력 부족이야!
- 좀 쉬어!	- 야, 이 한심아!
- 괜찮아, 다 잘 될 거야.	- 너는 낙오자가 될 거야!

는 것임을 우리는 알고 있다. 이는 자신에게도 마찬가지다. 자신을 가장 사랑해줘야 하는 사람은 바로 당신 자신이다.

스스로에게 던지는 가혹한 비난의 말은 상처가 될 뿐, 더 나은 나로 나아가는 동력이 될 수 없다. 성장하고 싶다면, 자신을 사랑하고 스스로를 비난하는 일을 멈춰야 한다. 행복한 완벽주의자로서 마라톤과 같은 인생을 행복하게 '롱런'하려면 누구보다 자신을 아껴야 한다.

완벽주의 요소 5
: 행동에 대한 의심

...

완벽주의의 다섯 번째 요소는 '행동에 대한 의심'이다. 즉, 어떤 행동을 할 때 혹은 하고 난 후 확신을 얻지 못해 '이렇게 해도 되나?' '정말 이게 최선일까?' 하면서 믿지 못하고 불안해하는 마음을 가리킨다. 이는 심사숙고한다는 측면에서는 강점이 되기도 하지만, 우물쭈물 하면서 이것저것 시도해보느라 스스로를 피곤하게 만들고 기민하게 행동하지 못한다는 측면에서 약점이 되기도 한다.

불행한 완벽주의자는 실력이 출중한데도 자꾸 자신의 능력을 의심하는 경향이 있다. 달리기 출발선에서 힘을 잔뜩 주고 신호를 기다리다가, 막상 "준비~ 땅!" 하는 신호가 울리면 '나 방금 시작 소리 잘 들은 것 맞지?'라며 머뭇거릴지도 모를 사람들이다. 결승선을 앞두고도 왼발로 들어가야 할지, 아니면 오른발로 들어가야 할지 망설일 수도 있다.

'정말? 확실해? 이게 최선인 것 맞아?'라고 한두 번쯤 자문해보는 것은 실수를 방지하고 완성도 높은 결과를 이뤄내는 데 도움이 될 것이다. 특히 빈틈없는 일처리를 바라는 완벽주의자라면 과제 제출, 회의 참석을 앞두고 습관처럼 자문하고 있을 가능성이 크다. 이들은 '자신의 행동에 대해 의심하는' 완벽주의 요소가 두드러지는 사람들인데, 특히 자신이 중요하게 생각하는 일을 시작할 때나 평가를 앞둔 순간에 지나치게 의심에 몰두하곤 한다.

'예상치 못한 문제가 발생하면 어쩌지? 스무 번 넘게 체크했지만 혹시 빠뜨린 것은 없을까?' 같은 질문들이 끝없이 이어지면 심사숙고를 넘어 스무고개가 되어버린다. 그리고 지나친 의심에 사로잡혀 불안감이 상승하면 비합리적인 생각들이 꼬리에 꼬리를 문다.

매끈하고 촘촘한 결과물만 보는 사람은, 자신의 행동을 의심하는 완벽주의자들이 이 결과물을 만들어내기 위해 얼마나 썼다 지웠다를 반복했는지 상상도 못할 것이다. 이들의 컴퓨터 폴더 안에는 이리저리 고민하면서 끝내지 못한 수많은 파일들이 가득하다. 다 차치하고서라도, 이것저것 시도해보느라 시간을 보내면

"1시간 뒤 회의 시작이네!"

어제 만든 회의 자료만 한번 체크하고 들어가면 될까?

다들 개인 자료를 준비했으려나? 나 혼자만 준비한 건 아닐까?

참석자 수에 맞게 추가로 인쇄해서 들어가는 게 나을까?

그래도 준비된 자료가 없어서 회의 시작이 지체되는 것보단 나으려나?

인쇄했는데 각자 자료가 있으면 어쩌지? 그럼 인쇄지랑 잉크 낭비인데?

일은 늘어지고 체력적으로는 번아웃에 가까운 피곤이 몰려오기 십상이다. 대체 무엇을 의심하고, 무엇을 증명하고 싶은 걸까?

있어 보이고 싶어

한 아이가 갑자기 암벽등반을 배우고 싶다고 부모님께 떼를 쓴다. 저러다 말겠지 하고 별 관심을 두지 않았더니 아이가 울고

불고 난리다. 왜 그렇게 암벽등반을 배우고 싶어 하느냐고 물어
보니 이런 대답이 돌아온다. "있어 보이잖아!"

그렇다. 있어 보이고 싶다. 이것은 아이나 어른이나 매한가지
인 욕심인 듯하다. SNS를 보면 책 관련 내용을 올려놓은 게시물
을 자주 보게 되는데, 진짜 이 책들을 다 읽고 올린 것인지 가끔
궁금할 때가 있다. 허세는 아닐까? 완벽주의자들도 마찬가지로,
있어 보이고 싶다는 욕망 때문에 보고서 쓰기가 그렇게 어려운
것은 아닐까? 꾸밈없이 의사만 전달하면 되는데, 있어 보이게 하
려고 장치를 만들려다 보니 시작 자체가 어렵다. 전체 그림이 그
려지지 않고 괜히 머릿속만 복잡하다. 천신만고 끝에 완성해놓
고 보니 핵심을 모르겠고, 내용은 많은데 무엇을 말하려던 건지
주제가 애매해진다.

결국 잘 보이고 싶은데, 다른 사람들이 어떻게 생각할지 확신
이 없어서 자꾸 의심이 생기는 것이다. 다른 사람에게 완벽해보
이고 싶은 욕구를 심리학에서는 완벽주의적 자기제시Perfectionistic
Self-Presentation라고 한다. 완벽주의가 실수 없이 완벽하게 해내고
싶은 마음이라면, 완벽주의적 자기제시는 나의 완벽함만을 모두
에게 보여주고 싶은 마음이라고 할 수 있다.

완벽주의적 자기제시 성향이 높은 사람은 다른 사람에게 나
의 완벽함만을 전달하고 싶어 하고, 부족한 부분은 어떻게든 숨

기고 싶어 한다. 이 성향이 일반적인 평판관리 이상의 수준으로 넘어가면, 부족한 부분을 숨기려고 다른 사람을 속이기도 한다. 또한 능숙한 모습을 보여줄 수 없을 것 같으면 아예 시도 자체를 안 하거나, 완벽하지 않은 부분을 공개하지 않기 위해 버럭 화를 내기도 한다.

불행한 완벽주의자는 작은 실수만으로도 큰 손해를 볼 것이라고 믿는다. 완벽하지 않으면, 사람들이 나를 판단하면서 흉을 보거나 깔볼 거라고 생각한다. 세상은 만만치 않은데, 나한테 완벽하게 해낼 능력이 충분하지 않다고 생각되면 타인에게 우습게 보이거나 무시당할지 모른다는 걱정으로 인해 내가 잘 하고 있는지를 끊임없이 의심하게 된다.

사실 행동에 대한 의심을 적당한 수준에서 행하는 것은 성장으로 가는 원동력이 된다. 부족한 부분을 채우기 위해 노력하게 되기 때문이다. 자신만만하고 결점이 있을 리 없다고 생각하면 안주하게 되고, 더 노력할 필요가 없다는 생각에 정체되기 쉽다. 완벽주의자들이 완벽주의를 포기하기 어려워하는 이유도, 완벽주의 덕분에 남들보다 탁월한 성과를 낼 수 있었기 때문이다.

'행동에 대한 의심' 성향이 강한 완벽주의자들에게 해주고 싶은 말은, 사람들은 당신의 실수를 인간미라고 생각할 가능성이 크다는 것이다. 그간 완벽한 수행 능력을 보였고 심사숙고하는 사람으로 인식되어 있다면, 실수 한 번으로 당신의 이미지가 손상될 가능성은 거의 없다. 부정적인 결과를 과장해서 예상해 재앙으로 이어질 거라고 생각하지 말라. 있어 보이고 싶은 마음은 충분히 성장의 동력으로 사용될 수 있다.

타인에게 인정받을 수 있을까?

불행한 완벽주의자는 '내가 다른 사람의 인정을 받을 만한가?' 하고 자주 의심한다. 대체로 꼼꼼하고 맡은 일에 열성을 다하는 사람들이 바로 완벽주의자이다. 그런데 역설적이게도 완벽주의자가 많은 노력을 들여가며 추구하는 '이상'과 실제 '현실' 사이의 간극은 좀처럼 좁혀지지 않는다.

그 한 가지 이유는 앞에서 누누이 살펴본 것처럼 대개 완벽주의자의 성취 기준이 비현실적으로 높기 때문이다. 달성해야 할 목표가 너무 높아서 아무리 노력해도 이룰 수 없는 경우가 많다. 동국대학교 교육학과 박현주 교수 등이 2010년에 발표한 논문에 의하면, 의심이 많은 완벽주의자들의 판단에는 높은 성취 기준 외에 또 한 가지 특성이 영향을 미치고 있었다. 불행한 완벽주의자들에게서 성취 기준은 매우 높은 데 반해 자기 자신에 대해서는 너무 낮게 평가하는[54] 경향이 있다는 점이 발견된 것이다.

불행한 완벽주의자들은 특히 대인관계에서 갈등이 생겼을 때, 나에게는 갈등을 해결할 능력이 없는 데다 상대방 또한 자신이 내민 손을 냉정하게 거부할 거라고 생각하는 경향이 있다. 그래서 되도록 갈등을 피하고 좋게 지내려고 애쓴다. 하지만 지뢰를 피하듯이 매사에 조심하려면 늘 긴장감을 유지해야 하니 에너지가 많이 소모되고, 막상 갈등이 생기면 과도하게 절망하면서 급격하게 무기력에 빠진다는 문제가 있다.

이런 경험이 반복되면 어떤 일의 결과를 낙관적으로 생각하기가 어려워지고, 자꾸 재난 상황을 상상하게 된다. 두려움이 커지는 만큼 '이 정도는 해야 충분하지' 하면서 기준을 높이게 되고, 점점 이상과 현실 사이도 멀어지게 된다. 여기에 '내가 부족해서 그래' 와 같이 나의 능력을 낮게 평가하는 메시지까지 합쳐지면, 목표와 능력 사이에는 그 무엇으로도 메울 수 없는 간극이 생기고 만다. 결국 꿈은 자꾸만 멀어지고 일이 잘 되지 않을 것 같은 생각만 깊어져서, 끝도 없는 의심이 생기는 악순환이 반복된다.

한편 자신을 의심하는 사람은 지적 능력을 중요하게 여기는 경향이 있다.[55] 그래서 나의 똑똑함을 보여주면 최소한 내가 쓸모 있는 사람이라는 것은 확인할 수 있을 거라고 믿는다. 문제는 나의 지적 능력을 제대로 보여줬는지 확인하려고 사람들의 반응을 자꾸 살피게 된다는[56] 데 있다. 내 말에 사람들이 고개를 끄덕이면 안심이 되지만, 누군가의 반응이 시원치 않으면 다시 자신을 의심하게 된다. 머리가 지끈지끈 아플 정도로 말이다.

이런 이유로 '반드시 잘 해서 인정을 받아내야만 한다'는 생각에서 빠져나오지 못하면, 다른 것들에는 신경조차 쓰지 못한 채 인정이라는 좁은 우리 안에 갇히게 된다. 이는 아주 작은 바늘구멍으로 세상을 보는 것과 같다. 인정받으면 좋겠지만 없어도 별로 문제 될 것이 없다고 생각해야만 나를 제대로 바라볼 수 있는 시야가 확보된다. 내가 할 수 있는 최선을 다했고, 나는 괜찮은 사람이며, 나 자신은 충분히 자랑스러운 존재라는 사실을 볼 수 있는 눈을 갖게 되는 것이다. 행복한 완벽주의자는 현실과 이상의 간극이 클 때, 다른 선택지를 고려해보고 심지어 일부러 인정받지 않기로 결심하기도 한다. 그래야만 행복하고, 자존감을 유지할 수 있다는 것을 알기 때문이다.

행동에 대한 합리적인 확신

행동에 대한 의심이 크면 때로 비합리적인 결정을 내리게 된다. 가령, 단순한 일에는 오랜 시간을 투자하는 반면 충분한 숙고가 필요한 일에는 오히려 덜컥 결정을 내려버리는 것이다.[57]

이런 경향성을 확인하기 위해, 심리학자들은 행동에 대한 의심 경향이 있는 완벽주의자들을 대상으로 한 가지 실험을 했다. 첫 번째 집단에는 숫자 입력 같은 단순하지만 정확성이 요구되는 작업을 하도록 하고, 두 번째 집단에는 퀴즈를 풀면서 순차적으로 답을 찾는 과제를 주었다. 그리고 각 집단별로 시간이 얼마나 걸리는지를 살펴보았다. 그 결과 정확성이 생명인 숫자 입력 작업에는 꽤 긴 시간이 소요되었다. 혹시나 잘못 입력된 숫자가 있지는 않은지 끊임없이 체크해야 했기 때문이다. 한편 순차적으로 답을 찾아야 하는 퀴즈 풀기 과제에서는 주어진 힌트들을 충분히 사용하기도 전에 섣불리 자신이 유추한 답을 말한 경우가 많았다.

이 실험의 결과, 행동에 대한 의심이 많은 완벽주의자는 쉽고 단순한 일에는 과도하게 에너지를 쓰는 반면, 시간과 힌트를 충분히 활용해 답을 찾아야 하는 일에는 오히려 충동적으로 결정을 내린다는 것이 밝혀졌다. 보고서나 이메일을 작성할 때처럼 일정 시간이 주어지고 혼자 하는 일에는 어떻게 해야 좋을지 고민하면서 시간을 많이 보낸다. 그래서 생각보다 일이 늦어지고 기한을 지키지 못하는 일도 생긴다. 하지만 면접 같은 실시간 상

어느 정도 꼼꼼함을 요구하지만   점진적으로 답을 찾아가야 하는
단순한 성격의 일이 주어졌을 때   일이 주어졌을 때

방금 제대로 입력한 것 맞아?   생각해보고 내일
진짜 마지막으로 한 번만 더   답해주겠다고? 불안한데….
체크해봐야지.   그냥 원하는 조건에
                                    다 맞춰준다고 해야겠다.

황에서는 마음이 급하다 보니 면접관의 말을 충분히 듣지 않고
서둘러 대답을 해버리기도 한다.

그래서 행복한 완벽주의자가 되려면 내 행동에 대한 합리적
인 확신이 필요하다. 합리적이라는 것은 이치에 맞는 정도면 충
분하고 완벽한 정답을 의미하는 것은 아니다. 행복한 완벽주의
자와 불행한 완벽주의자의 가장 큰 차이점은 '확신'을 바라보는
태도에 있다. 앞서 설명한 연구에서 자신의 행동에 대한 의심이
많은 완벽주의자는 퀴즈 풀기 과제에서 단 한 문제도 놓치지 않

으려고 했지만, 수학적으로 명확한 정답이 아니면 답을 확신하지 못한 채 빨리 답하는 것에 급급해했다. 불행한 완벽주의자들은 '완벽하게 합리적인 확신'을 갖기를 바라지만, 사실 인간의 불완전성은 완벽한 합리성을 허락하지 않는다. 당신은 스스로 얼마나 합리적이라고 생각하는가? 합리성을 평가해보기 위해 다음 두 경우에서 하나를 골라보자.

① 확률 100퍼센트로 4만 원 받기
② 확률 80퍼센트로 5만 원 받기

당신은 둘 중 어느 쪽을 선호하는가?[58] 사실 계산해보면 수학적으로는 동일한 값이다. ②의 경우를 계산해보면 0.8(확률)×5(만원)＝4만원으로 ①과 같은 숫자가 나온다. 그럼에도 대부분의 사람들이 100퍼센트를 선호하는 이유는 인간에게 본능적으로 불확실성을 최소화하려는 경향이 있기 때문이다. 이를 유사확실성pseudo-certainty이라고 하는데, 위험으로부터 보호받고 싶은 마음에서 생긴 자연스러운 현상이다. 하지만 불확실성을 없애기 위한 선택이 항상 최선인 것인 아니다. 과도하게 의심하면서 안전한 선택지만을 고수하게 되면, 손해 보지 않으려 몰두하느라 어느 정도의 위험을 감수할 때 얻을 수 있는 성장의 기회를 놓치게 된다. 그러나 행복한 완벽주의자는 자신의 능력과 회복력을 믿기 때문에 대범함을 발휘할 수 있다.

지금까지 완벽주의의 다섯 가지 요소를 살펴보았다. 여기까지 읽은 독자들은 완벽주의에 대한 기본 지식은 갖추게 된 셈이다. 재료 준비가 끝났으니, 이제 이 요소들을 완전체로 조립할 때이다. 제3장에서는 한국인에게 어떤 '완벽주의 유형'이 존재하는지, 각각의 특징은 무엇인지 구체적으로 알아볼 것이다. 이제 완벽주의의 실전 속으로 들어가보자.

완벽주의 진단검사 질문지

나의 완벽주의 수준을 파악하면, 행복한 완벽주의자가 되기 위한 실천 방안을 이해하는 데 도움이 된다. 다음의 질문지에 답하면서 나의 완벽주의 수준을 평가해보자. 나는 완벽주의자일까? 완벽주의의 다섯 가지 요소 중 특히 어떤 영역의 점수가 높을까? 이 과정을 통해 스스로를 좀 더 세밀하게 파악하게 된다면, 행복한 완벽주의자가 되기 위한 디딤돌을 마련할 수 있을 것이다.

나의 완벽주의 진단하기

나의 완벽주의적 성향은 어느 정도인지('완벽주의자'라고 부를 만한 정도인지), 또 나의 완벽주의를 구성하는 다섯 가지 요소의 수준이 각각 어느 정도인지 각자 확인해보자. 이 질문지는 2011년에 연세대학교 이동귀 교수와 동국대학교 박현주 교수가 랜디 프로스트 교수 등의 '다차원적 완벽주의multidimensional perfectionism' 질문지를 한국인에 맞게 번역·타당화한 것이다.

다음은 사회적 상황에서 경험할 수 있는 생각과 감정에 대한 것이다. 각 문항을 주의 깊게 읽고, 평소의 자신과 가장 비슷하다고 생각되는 곳에 표시해보자.

번호	내 용	전혀 그렇지 않다	대체로 그렇지 않다	보통 이다	대체로 그렇다	매우 그렇다
1	나의 부모님은 나에 대해 매우 높은 기준을 갖고 계신다.	1	2	3	4	5
2	조직화하고 체계화하는 일은 나에게 매우 중요하다.	1	2	3	4	5
3	나 스스로에게 상당히 높은 기준을 부과하지 않으면 나는 시시한 사람이 되어버릴 것 같다.	1	2	3	4	5
4	우리 부모님은 내 실수를 결코 이해하려 하지 않으셨다.	1	2	3	4	5
5	나는 깔끔하고 늘 정돈하는 사람이다.	1	2	3	4	5
6	나는 조직적이고 체계적인 사람이 되려고 애쓴다.	1	2	3	4	5
7	만일 내가 직장에서나 학업에서 실패한다면, 난 한 인간으로서 실패한 것이다.	1	2	3	4	5

번호	내용	전혀 그렇지 않다	대체로 그렇지 않다	보통 이다	대체로 그렇다	매우 그렇다
8	나의 부모님은 모든 면에서 내가 최고이길 바라셨다.	1	2	3	4	5
9	나는 대부분의 사람들보다 목표를 높게 잡는다.	1	2	3	4	5
10	다른 사람이 나보다 더 잘하는 것 같을 때, 나는 그 일 전체를 다 실패한 것처럼 느낀다.	1	2	3	4	5
11	우리 가족에게는 무슨 일이든 뛰어나게 잘 해내야 인정받을 수 있다.	1	2	3	4	5
12	나는 무슨 일에서든지 최고가 아니면 싫다.	1	2	3	4	5
13	나는 아주 높은 목표를 가지고 있다.	1	2	3	4	5
14	나의 부모님은 내가 뛰어나길 기대하신다.	1	2	3	4	5
15	내가 실수를 하면 나에 대한 사람들의 평가가 낮아질 것이다.	1	2	3	4	5
16	나는 결코 부모님의 기대를 만족시켜드릴 수 없을 것이다.	1	2	3	4	5
17	남들만큼 잘하지 못하면 곧 내가 뒤떨어지는 사람이라는 뜻이다.	1	2	3	4	5

번호	내 용	전혀 그렇지 않다	대체로 그렇지 않다	보통 이다	대체로 그렇다	매우 그렇다
18	내가 항상 잘하지 못하면 사람들은 나를 존중하지 않을 것이다.	1	2	3	4	5
19	나의 부모님은 내 장래에 대해 늘 나보다 높은 기대를 갖고 계셨다.	1	2	3	4	5
20	나는 깔끔하게 정돈하는 사람이려고 노력한다.	1	2	3	4	5
21	일상적으로 하는 단순한 일에 대해서도 미심쩍은 생각이 든다.	1	2	3	4	5
22	깔끔하게 정돈하는 것은 나에게 중요하다.	1	2	3	4	5
23	나는 조직적이고 체계적인 사람이다.	1	2	3	4	5
24	일을 자꾸 되풀이하기 때문에 일처리가 늦어지는 경향이 있다.	1	2	3	4	5
25	어떤 일을 내 마음에 들게 제대로 하려면 시간이 무척 오래 걸린다.	1	2	3	4	5
26	내가 실수를 적게 할수록 사람들은 나를 더 좋아할 것이다.	1	2	3	4	5

위 질문지에 대한 응답을 마쳤다면 이제 완벽주의 총점과 각 완벽주의 요소별 점수를 각자 계산해보자. 각 요소에 해당하는 질문들에 대한 응답 점수("전혀 그렇지 않다" = 1점 ~ "매우 그렇다" = 5점)를 아래와 같이 합산해보자.

완벽주의 요소	해당 질문(번호)	요소별 점수 합계
실수에 대한 지나친 염려	(7), (10), (15), (16), (17), (18), (21), (26)번	/최대 40점
정리 정돈 습관	(2), (5), (6), (20), (22), (23)번	/최대 30점
부모의 높은 기대	(1), (4), (8), (11), (14), (19)번	/최대 30점
높은 성취 기준	(3), (9), (12), (13)번	/최대 20점
행동에 대한 의심	(24), (25)번	/최대 10점
완벽주의 총점 (다섯 가지 요소 모든 점수의 총합) =		/최대 130점

만약 '완벽주의 총점'이 79점 이상이라면 당신은 완벽주의 성향이 있는 사람이다. 연세대학교 상담심리연구실 연구진이 이 책에 제시한 것과 동일한 질문지로 조사했을 때 응답한 511명의 자료를 분석한 결과, 완벽주의 성향을 보인 참가자 비율이 53.62퍼센트(274명)로, 전체의 절반 이상을 차지했다.

만약 총점이 104점 이상이면 그야말로 완벽한 '완벽주의자'라고 볼 수 있다. 104점 이상의 총점을 기록한 설문 참가자는 전체 참가자 중 4.11퍼센트(21명)를 차지했다.

하지만 당신이 총점 104점 이상의 완벽주의자라 해도 심각하게 걱정할 필요는 없다. 완벽주의의 총점도 중요하지만 완벽주의를 이루는 각 요소의 수준이 어느 정도인지, 그 양상이 더 중요하기 때문이다. 완벽주의 성향 총점이 높더라도 높은 성취 기준을 지니고 있고, 실수에 대한 염려나 행동에 대한 의심이 낮은 편이라면 삶에서 다양한 성과를 얻기 위해 완벽주의를 잘 활용하고 있을 가능성이 크다. 각 요소를 측정하기 위한 질문의 개수가 다르기 때문에, 동일선상에서 비교해보기 위해 요소별 점수를 백분율로 환산해보자.

예: '실수에 대한 지나친 염려' 요소의 총점이 35점(최대
    40점)이라면 ➡ $35/40 \times 100 = 87.5$점

'정리 정돈 습관' 요소의 총점이 20점(최대 30점)이라면

➡ 20/30 × 100 = 66.67점

이런 식으로 다섯 가지 요소의 점수를 모두 환산했다면, 오른쪽의 오각형 도표 위에 환산한 각 점수를 찾아 점을 찍고, 서로 선으로 연결해서 '나의 완벽주의는 어떤 모습인지'를 파악해보자. 다섯 가지 요소 중 몇 개 요소의 점수만 뿔처럼 솟아 있을 수도 있고, 각 요소별로 서로 수준이 비슷해서 정오각형에 가까운 모양일 수도 있다.

완벽주의 요소	요소별 점수 합계	백분율로 환산한 점수
실수에 대한 지나친 염려	/최대 40점	( )/40×100 =
정리 정돈 습관	/최대 30점	( )/30×100 =
부모의 높은 기대	/최대 30점	( )/30×100 =
높은 성취 기준	/최대 20점	( )/20×100 =
행동에 대한 의심	/최대 10점	( )/10×100 =

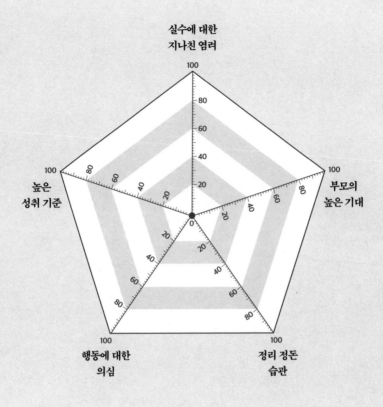

실수에 대한
지나친 염려

높은
성취 기준

부모의
높은 기대

행동에 대한
의심

정리 정돈
습관

제 3 장

완벽주의자의
네 가지 유형

나와 타인의 완벽주의를
이해하는 출발점

내 맘도 모르겠고,
상대도 싫어질 때

• • •

앞에서 우리는 질문지를 통해 각자의 완벽주의 수준을 진단해보았다. 당신의 점수는 얼마나 높고, 각 분포는 어떻게 되는가? 매우 높은 점수를 얻어 놀란 사람도 있을 테고, 매우 낮은 총점을 얻어 완벽주의 성향이 거의 없는 것으로 드러난 사람도 있을 것이다. 둘 중 어느 경우든 제3장에서 살펴볼 완벽주의자의 네 가지 유형을 통해 자신과 타인을 정확하게 파악하고 이해할 수 있는 실용적인 정보를 얻게 될 것이다. 전반부가 완벽주의에 대한 전반적인 이해에 초점이 맞춰져 있었다면, 후반부는 완벽주의를 실질적으로 활용하고 타인을 이해하는 도구로 이용하는 실전 팁을 습득할 수 있도록 꾸며져 있다.

우리는 다른 사람의 성격이 나와 얼마나 잘 맞을지에 대해 자주 궁금해한다. 사회 속에서 수많은 관계를 맺으며 살아갈 수밖에 없기 때문에 타인에 대한 이러한 호기심은 자연스러운 것이다. 그래서 호감이 가거나 소중한 이들에 대한 호기심은 물론이고, 직장 동료나 상사처럼 나와 잘 맞지 않지만 관계를 단절할 수 없는 사람들이 어떤 성격유형에 속하는지도 알고 싶어 한다. 동시에 나 자신의 성격유형에 대한 관심도 커서 미처 알지 못하고 있던 나의 진짜 모습을 객관적으로 살펴보면서 장단점을 파악하고 싶어 한다.

사람마다 이유는 다르지만, 이런 호기심을 갖는 근원적 이유는 모두 같다. 좋은 사람과는 더 깊고 끈끈한 관계를 맺고 싶고, 싫은 사람이더라도 피할 수 없다면 상대를 잘 파악해 표면적으로나마 좋은 관계를 이어가고 싶기 때문이다. 그리고 그 관계의 중심점에는 언제나 나 자신이 있기 때문에, 우리는 타인과 자기 자신 모두의 성격에 대한 관심을 갖게 된다.

근래 들어 MBTI 성격유형 검사가 크게 유행하는 것이나, 연인 사이에서 궁합을 보는 것 또한 이런 경향성이 반영된 것이라 할 수 있다. 하지만 개인의 다양성과 개별성이 무엇보다 중요한 현대 사회에서, 예전처럼 남의 집 숟가락 개수까지 알 정도로 타인의 삶에 깊게 개입하려 하는 것은 '테러'에 가까운 일일지도 모른다. 궁금하지만 지나치게 가까워지는 것은 두려운, 그 사이 어디쯤에 늘 관계의 딜레마가 존재한다. 관계는 언제나 주관적인 것이지만, '유형'이라는 표준화된 구분을 통해 나를 설명하고 상대를 파악하고자 하는 이유가 바로 여기에 있다.

최대한 스트레스를 줄이면서도 적당히 따뜻한 관계를 이어가고 싶은 마음, '인생 혼자 사는 거지' 하고 냉소적으로 생각하면서도 굳이 안 맞는 사람의 성격유형별 특징을 찾아보는 것, 그리고 나와 맞는 사람과 맞지 않는 사람의 유형을 파악하고 싶어 하는 것은 결국 나 자신과 상대방 모두를 '이해하고' 싶은 욕구에서 시작된다. 이런 측면에서 완벽주의자의 유형별 특성을 살펴보는 것 또한 나와 타인을 이해하고 좀 더 발전적인 관계를 만들어가는 데 큰 도움이 될 것이다.

도대체 뭘 잘못했는지 알려주지 않으면서 화만 내는 상사, 늘 꾸물거려 답답하게만 보이는 친구, 끊임없이 잔소리를 퍼붓는 가족, 더 가까워지고 싶지만 어딘가 거리감이 느껴지는 동료 등 관계에서 원인을 파악하기 어려운 문제로 고통을 겪는 사람들이 의외로 많다. 아울러 완벽주의자는 자기 자신뿐만 아니라 타인과의 관계에서도 완벽함을 추구한다는 것을 우리는 앞에서 자세히 살펴보았다. 따라서 완벽주의 유형이 다르거나 성향의 정도가 비슷하지 않으면, '나와는 맞지 않는 사람' '이상한 사람'으로 누군가를 판단할 수도 있고, 다른 사람도 나를 그런 사람으로 생각할 수 있다.

앞으로 더 자세히 살펴볼 테지만, 완벽주의자의 유형은 크게 네 가지로 나눌 수 있다. 완벽주의가 스스로 중요하다고 생각하는 일과 관계에서 가장 두드러지게 나타나는 성향인 만큼, 어떤 일이 의도한 대로 되지 않거나 실수할 위험성이 커질 때 각 유형별 특징이 더욱 명확히 드러난다.

무 자르듯 반듯하게 나눌 수 없는 인간의 심리적 성향을 단순한 몇 가지 유형으로 나누는 것에 회의적인 사람도 있을 수 있다. 하지만 복잡하고 다면적인 정보를 유형화해서 효율적으로 판단하고 싶어 하는 것이 사람의 본능이다. 게슈탈트 심리학에서는 이를 '지각적 집단화 규칙perceptual grouping rules'이라고 하는데, 우리 뇌에는 주어진 정보 속에서 일련의 질서와 규칙을 발견해 손쉽게 유형화하려고 하는 경향이 있다는 뜻이다.

서로 다른 성격 유형이 존재한다는 것을 알게 되면 나의 성향도 더 잘 이해할 수 있고 내가 다른 사람의 눈에 어떻게 보일지도 예상해볼 수 있다. 더불어 누군가의 행동이 도저히 이해되지 않을 때도 그 사람이 왜 그렇게 행동하는지를 추론해볼 수 있고, 어떤 상황에 놓일 때 상대방이 어떤 반응을 비칠지도 예측이 가능하다. 이렇게 나와 주변 사람에 대한 이해가 높아지면 타인의

어떤 일이 잘못되었을 때 완벽주의자의 유형별 반응

"팀장님이 대노하시면 어떡하지?"

"괜찮아, 나는 해낼 거야."

"일단 자자."

"안전한 게 중요해."

행동과 반응을 더 잘 포용할 수 있게 되고, 성향 차이로 인한 의외의 반응 때문에 마음이 상하는 일도 줄어들 수 있을 것이다.

제3장에서는 '자기평가소재locus of evaluation'와 '자기조절초점 self-regulatory focus'이라는 두 가지 기준을 적용해 한국인의 완벽주

의 유형을 네 가지로 나눠 설명할 것이다. 이 두 기준은 심리학 전공자가 아니라면 아마도 처음 들어보는 용어일 테지만 개념은 생각보다 간단하다.

자기평가소재: 나 중심 평가 vs. 타인 중심 평가

첫 번째 기준인 자기평가소재는 한 개인이 자신이 가치 있는 사람인지 아닌지를 판단할 때 그 근거를 자신의 내부(예: 경험상 이 정도면 나는 꽤 괜찮은 사람이야)에서 찾는지 아니면 타인의 인정이나 피드백과 같은 외부 요소(예: 팀장님의 칭찬을 받은 나는 괜찮은 사람이야)에서 찾는지를 가리키는 것이다.

"내가 괜찮은 사람인지 판단할 때 우리는 무엇을 기준으로 할까?"

누구에게나 스스로 좋은 사람이 되기(혹은 나쁜 사람이 되지 않기) 위해 지켜야 한다고 생각하는 선이 있다. 예를 들어 '다른 사람과 있을 때 대화 독점하지 않기' '정직하게 살기' '외모 관리하기'와 같은 평가 기준을 가진 사람이 있다고 해보자. 이 사람이 친구들과 신나게 수다를 떨고 집에 오면서 '오늘 말 너무 많이 했나?' 하고 되돌아보게 되는 이유는 대화 지분이 비슷하도록 조율해야 배려심 있는 사람이라는 나름의 가치관 또는 규범을 가지고 있기 때문이다.

아울러 자기 평가에 대한 객관적인 참고자료를 얻기 위해 다른 사람의 반응을 살피기도 한다. '내가 대화를 너무 독점했나?' 하는 생각이 들면 단체 카톡방에 '나 오늘 말 너무 많았니?' 하고 묻게 된다. 이때 친구들이 '아니, 우리 다 같이 말 많았지!'라고 답해주면 평가 결과에 대해 안심한다. 인간에게는 타인과 관계를 맺고 집단에 속하고자 하는 소속감 욕구가 있기 때문에, 내 기준과 다른 사람의 반응을 함께 고려하게 되는 것이다.

이런 인간의 기본적 성향에 대해 인본주의 심리학자 칼 로저

내부 평가소재

나의 가치관에 초점.
내가 어떻게 여기느냐에 따라
자기 평가

외부 평가소재

타인의 반응/평판에 초점.
나에 대한 타인의 평가에 따라
자기 평가 변동

스Carl Rogers는 개인이 자기를 평가할 때 자신의 가치관이나 경험에 근거하여 판단하기도 하고, 다른 사람의 반응에 근거해서 판단하기도 한다고 설명하면서 평가 기준의 위치(내부/외부)를 '자기평가소재'라고 불렀다.

완벽주의자의 자기평가소재의 위치에 따라
생각, 감정, 행동이 변화하고
대인관계 상황에서 발휘할 수 있는 강점과 약점도 달라진다.

사람의 심리는 다면적이기 때문에 자기평가소재를 오직 내부에만 두는 사람도 없고, 오직 외부에만 의존하는 사람도 없다. 그렇지만 결정적인 평가 결과를 이끄는 '비율'이 다르다. 예를 들어 '나는 괜찮은 것 같은데 다른 사람들로부터 부정적인 평가를 받았다'고 해보자. 내부 기준과 외부 기준을 6:4의 비율로 적용하면 (남들이 부정적으로 평가하더라도 내 기준에선 괜찮으니까!) 종합적으로는 '괜찮다'는 결론에 이를 수 있다. 반면, 내부 기준과 외부 기준을 4:6의 비율로 적용하는 사람은 같은 상황이더라도 (나는 괜찮더라도 남들이 부정적으로 바라보기 때문에) '괜찮지 않다'는 결론을 내리게 된다.

제2장에서 우리는 탁월함을 추구하는 '높은 기준'이 완벽주

의자들의 공통적인 특징임을 살펴보았다. 그렇기에 완벽주의자에게는 자기평가소재의 위치가 어디에 있는지가 대단히 중요하다. 개인적인 기준을 따르는 행복한 완벽주의자의 평가소재는 자기 내부에 안정적으로 위치할 것이다. 반면 불행한 완벽주의자는 완벽에 대한 평가소재를 대부분 외부에 의탁하고, 주위의 평판에 따라 자신의 가치에 대한 결론이 심하게 오락가락하는 모습을 보인다.

조절초점: 더 많이 얻으려는 자 vs. 가진 것을 지키려는 자

두 번째 기준인 조절초점은 더 얻으려는 것과 가진 것을 지키는 것 사이에서 어떤 측면에 더 가중치를 두고 행동하는가를 가리킨다. 고대로부터 밝혀진 대로 인간에게 쾌락은 어떤 행동을 하게 하는 강력한 원동력이다. 사람들은 기분이 좋아지는 것들을 좇는다. 하지만 쾌락만으로 인간의 모든 행동을 설명할 수는 없다. 쾌락만을 기준으로 판단한다면 어떻게 수많은 직장인들이 달콤한 아침잠의 유혹을 떨치고 출근할 수 있겠는가?

현재의 만족감만 우선시한다면 저축을 하는 사람 또한 없을 것이다. 사람들이 저축을 하는 이유는 지금 쪼들리더라도 노후의 빈곤을 피하려면 돈을 모아놓아야 한다고 생각하기 때문이다. 즉각적인 즐거움도 중요하지만 미래의 고통을 피하는 것도 중요하다. 이에 따라 심리학자들은 사람들이 쾌락을 추구하고 고통을 회피하려는 이유와 그 작동 원리를 밝히고자 연구를 거듭했다. 그중 사회심리학자 토리 히긴스Tory Higgins는 사람들이 목표를 달성해가는 과정에서 긍정적인 것을 늘리는 방향으로 노력하는지 혹은 부정적인 것을 피하는 방향으로 노력하는지에 따라 행동이 달라진다고 설명하면서 이를 '조절초점'이라고 개념화했다. 즉, 조절초점은 '더 많이 얻으려는 쪽'과 '가진 것을 잃지 않으려는 쪽'으로 구분할 수 있다.

"사람을 움직이는 원동력은 무엇일까?"

가령, 성공했을 때의 멋진 일(혜택과 보상)에 초점을 맞추고 현재 상황을 향상시키는 가치를 추구하는 데 더욱더 매진하는 것을 '향상초점promotion focus'이라고 한다. 더 많이 얻는 쪽에 가중치를 두면, 매사에 열정적이고 도전적으로 행동한다. 그래서 향상초점에 집중하는 사람은 낙천적이고, 칭찬에 잘 반응하며, 모험을 즐기고, 기회가 생기면 저돌적으로 뛰어든다.

반면, 실패했을 때의 위험(불이익과 처벌)을 피하는 데 초점을

지금은 좀 고되지만
열심히 노력해서 여유가
생기면 여행도 다니고
귀여운 고양이 한 마리
키우면서 행복하게
살 거예요!

향상초점

힘들어도 해야죠.
고령화 100세 시대인데,
지금 일해두지 않으면
나이 들어 의지할 곳 없고,
아파도 제대로 치료받지
못할지 몰라요.

예방초점

맞추고 책임완수와 안전유지라는 가치를 더 중요하게 추구하는 것을 '예방초점prevention focus'이라고 한다. 가진 것을 지키는 쪽에 초점을 맞추면 신중하고 안전을 고수하는 방향으로 행동하게 된다. 따라서 예방초점에 집중하는 사람은 언제나 심사숙고하고, 빈틈없이 일을 진행하려 노력하며, 정확하고, 주도면밀하다.

완벽주의자에게 향상초점 혹은 예방초점이 어떠한 영향을 미칠지 생각해보자. 향상초점적인 완벽주의자는 높은 기준을 달성하려는 (그래서 혜택과 보상을 얻으려는) 열망이 더욱 뜨거울 것이다. 반면 예방초점적인 완벽주의자들은 예상되는 위험, 즉 완벽하게 해내지 못했을 때의 불이익과 처벌을 피해야 한다는 의식이 더욱 견고할 것이다.

이처럼 완벽주의자의 동기가 발휘되는 초점에 따라 의사결정, 대인관계, 세상을 바라보는 관점이 달라질 수 있다.

개인의 자기평가소재와 조절초점은 그 사람이 처한 상황과 경험에 따라 변할 수 있다. 타고난 경향(특질)의 영향으로 향상초점이 높은 사람이라고 해도, 직장에서 해고될 위기에 놓이면 예방초점이 유발되어 새 프로젝트에 참여해 성과를 보이기 위해 노력하기보다 밉보이지 않는 데 더 큰 관심을 기울일 수도 있다.

앞에서 언급한 것처럼 제3장에서는 자기평가소재(내부 혹은 외부)와 조절초점(향상 혹은 예방)에 따라 완벽주의자를 인정추구형, 막판스퍼트형, 안전지향형, 성장지향형의 네 가지 유형으로 구분해 설명할 것이다. 완벽주의자의 유형별 특징을 개략적으로 소개하면 옆의 도표와 같다.

특정 유형이 더 좋거나 더 나쁜 것이 아니라는 사실에 유의하자. 또한 어떤 상황에서는 강점인 면이 다른 상황에서는 약점으로 작용할 수도 있음도 기억하길 바란다. 유형 간 비교우위를 따지기보다는 나와 주변인이 어떠한 배경으로 인해 특정 유형으로 발달하게 되었는지를 이해하고, 각 유형별로 어떤 반응과 행동을 보일 가능성이 높은지를 알아보면서 이해의 폭을 넓히는 데 주력해보자.

자기평가소재와 조절초점을 기준으로 분류한 완벽주의 유형

향상초점

눈치백단
인정추구형

외부 평가소재 × 향상초점

누구에게든 쉽게 호감을 얻지만
완벽주의 수준이 가장 높으며
타인을 신경 쓰느라
정작 자신에게는 소홀한
완벽주의자 유형

강철멘탈
성장지향형

내부 평가소재 × 향상초점

자신감 있고 주도적이지만
'조화'를 강조하는
한국 사회에서는 일면
'튀는 사람'으로 인식될 수도 있는
완벽주의자 유형
(서양에서 가장 행복한
완벽주의자로 보는 유형)

외부
평가
소재

내부
평가
소재

스릴추구
막판스퍼트형

외부 평가소재 × 예방초점

임기응변이 뛰어나지만
중요한 일을 맡았을 때
실패와 평가에 대한 두려움이
커져 일을 미루는 경향이 있는
완벽주의자 유형

방탄조끼
안전지향형

내부 평가소재 × 예방초점

신중하고 성실해서
한국 사회에서 가장 환영받지만
안전과 현상 유지를
1순위로 여기기 때문에
변화나 도전을 기피하는 경향이
있는 완벽주의자 유형

예방초점

완벽주의자 유형 1
: 눈치백단 인정추구형

• • •

외부 평가소재 × 향상초점
누구에게든 쉽게 호감을 얻지만 완벽주의 수준이
가장 높으며 타인을 신경 쓰느라 정작
자신에게는 소홀한 유형

연세대학교 상담심리연구실의 설문조사 결과, 가장 많은 수의 완벽주의자들이 인정추구형에 속했다(38퍼센트). 이들은 다른 사람에게 인정을 받기 위해 움직이기 때문에 언제나 상냥하고 친절하며, 다른 사람의 일을 돕는 데 망설임 없이 나선다. 또한 매우 사교적이고 친절해서 딱 봐도 호감이 가는, 그야말로 '만인에게 좋은 사람'이다. 심리학자 앨버트 메라비언Albert Mehrabian은 비언어적인 표현들이 한 사람의 인상을 크게 좌우한다고 했는데, 그가 제시한 '호감의 법칙'에 의하면 시각적 및 청각적으로 전달되는 태도가 누군가의 이미지를 결정하는 부분에서 차지하는 비율은 무려 93퍼센트나 된다. 반면 말의 내용은 고작 7퍼센트를 차지하는 것으로 나타났다. 인정추구형 완벽주의자들은 메라비언이 주장한 '호감의 법칙'을 미리 알고 있기라도 한 듯, 온몸으로 대화하는 데 익숙하다. 물론 이것은 겉으로 보이는 외모가 뛰어나다는 의미가 아니다. 인정추구형 완벽주의자들은 표정, 태도, 몸짓 같은 시각적 요소는 물론 목소리, 발음, 말투와 같은 청각적 요소 모두를 최대한 적절히 활용함으로써 상대방으로 하여금 대화에 진지하게 임하고 있다는 느낌을 받도록 하는 데 탁월한 능력이 있다. 따라서 인정추구형 완벽주의자의 주변에는 사람이 많은 편이다.

누구에게나 좋은 사람

회사에서 상사에게 특별히 인정받는 사람이라면 '눈치백단 인정추구형'일 확률이 높다. 학교에서는 선생님들이 예뻐하는 학생일 것이다. 솔직하고 친근하면서도 예의 바르기 때문에 윗사람들이 참 좋아한다. 좀처럼 선을 넘는 법이 없어서 이들이 다소 짓궂은 농담을 할 때도 상대가 불쾌하게 받아들이지 않는다. 쾌활하며 흥을 돋우는 재주가 있어서 외향성이 강한 사람으로 보이기도 한다. 그래서 가끔 이 유형의 사람들이 "사실 나 내성적인 성격이야"라고 말하면 다들 의아해하기도 한다. 늘 웃는 얼굴로 분위기를 잘 맞추기 때문이다.

앞서 언급한 대로, 이들에게는 사람이 가장 큰 재산이다. 이런 이유로 업무상 꼭 필요하지 않은 사람과도 좋은 관계를 유지하기 위해 신경을 쓴다. 때마다 잊지 않고 안부를 묻고, 관계가 멀어지지 않도록 주기적으로 인사를 나눈다. 동시에 이들은 더 나은 미래를 만들기 위해 주력하는 향상초점을 지니고 있기 때문에, 기꺼이 위험을 감수하고 혁신적으로 문제를 해결한다. 성격의 내, 외향성을 불문하고 이들은 어떤 일을 성사시키기 위해서라면 잘 모르는 사람에게도 머뭇거림 없이 도움을 청할 수 있다. 쑥스러움이 전혀 없는 것은 아니지만, 이들에게 쭈뼛거리느라 기회를 놓치는 것은 더없이 어리석은 일이다. 따라서 잠깐의 창피함이나 거부당할 두려움쯤은 충분히 감수한다. 이들에게 최악의 상황은 다른 사람으로부터 아무것도 얻지 못하는 것이다. 차라리 눈 딱 감고 물어보고, 안 된다고 하면 그때 포기하는 편이 낫다고 생각한다.

인정추구형이라는 용어에서 이미 드러나듯이 이 유형은 칭찬에 유독 약하다. 칭찬을 들으면 하루 종일 그 칭찬이 머릿속을 맴

돌고, 칭찬을 해준 사람에게 호감이 생기기도 한다. 그리고 칭찬이 헛되지 않다는 것을 증명하겠다는 듯, 다른 사람들의 기대에 맞게 성장하고 발전하기 위해 열정적으로 더욱더 노력한다. 칭찬받아 흥이 오르면 모두가 꺼리는 힘든 일을 자처하기도 한다. 다들 내키지 않아 하는 일인데, "○○ 말고는 이 일을 해낼 수 있는 사람이 없지" "○○ 없이는 일이 안 돼"라는 말을 들으면 꼭 내가 나서야만 일이 진행될 것 같은 느낌이 든다. 일을 진행하면서 아무리 괴로운 상황을 겪었어도, 상사가 "잘했어" "애썼어, 역시 ○○ 씨야"라는 한마디만 해주면 그간의 고단함은 눈 녹듯 사라진다.

왜 칭찬에 약할까?

어쩌다 칭찬에 약한 유형이 된 것일까? 가장 설득력 있는 설명은 성장 배경의 차이, 즉 자라온 환경과 경험의 차이에서 유추할 수 있다. 대부분의 사람은 경험을 바탕으로 세상을 바라보는 내면의 가치관을 세우고, 그 가치관을 통해서 많은 것을 판단하고 행동한다. 예를 들어 어린 시절에 부모가 필요할 때마다 적극적으로 도움을 주는 경험을 반복적으로 한 아이라면, 그 아이는 세상이 꽤 수월하고 괜찮은 곳이라는 관점을 갖게 될 것이다. 그리고 이후에도 그 관점을 바탕으로 판단하고 결정하게 된다.

인정추구형 완벽주의자는 자기평가를 할 때
외부의 반응에 가중치를 두고,
더 많이 얻는 쪽으로 동기의 초점이 맞추어져 있다.

Z라는 아이가 있다고 해보자. Z의 부모는 Z가 좋은 성과를 보이는 일에 대해서만 전폭적인 지원을 해주었다. 시험에서 100점을 맞으면 부모는 미소가 가득한 얼굴로 칭찬하며 더 좋은 선생님을 찾아 과외를 시켜주었고, 그림 그리기 대회에서 수상이라도 하면 더 실력이 좋은 선생님들이 가르치는 미술학원에 보내주었다.

하지만 잘하지 못하는 일에 있어서는 부모의 도움을 받을 수 없었다. Z는 축구를 좋아했지만, 실력이 뛰어나지 않은 까닭에 부모는 축구교실에 가고 싶어 하는 Z의 마음에 크게 신경을 쓰지 않았다. 당연히 축구에 대해서는 그 어떤 지원도 하지 않았다. 이는 Z의 부모가 나쁜 사람들이어서가 아니라, 못하는 일에 시간을 분산하는 것보다 잘하는 일에 집중하는 것이 낫다고 판단했기 때문이다.

그러나 Z는 자신이 잘하지 못하는 부분에 있어서는 혼자 알아서 모든 것을 책임져야 한다는 것, 그리고 잘 해내서 부모의 인정을 받지 못하면 지원이 뒤따르지 않는다는 것을 깨닫게 되었다. 이런 경험을 통해서 Z와 같은 아이들은 자신이 어떤 보살핌이나 도움을 받기 위해서는 먼저 실력으로 인정받아야 한다는 생각이 머릿속에 새겨질 것이다.

인정추구형 완벽주의자는
어린 시절에 보살핌과 지원을 받기 위해
자신을 '증명'해야만 했을 것이다.

위와 같은 경험을 반복적으로 겪는 아이들은 성취를 '보살핌과 안전을 확보할' 일종의 기회로 여기며 성장하게 될 가능성이 크다. 뭔가를 성취해서 인정을 받게 되면 어린 시절에는 부모와 같은 주 양육자, 청소년기에는 선생님, 직장인이 되어서는 상사로부터 원하는 것을 얻을 수 있다는 생각이 마음속 깊은 곳에 깔려 있다. 이의 연장선상에서 칭찬은 현재 자신이 잘하고 있다는 것과 밝은 미래를 뜻하기 때문에, 인정추구형 완벽주의자는 칭찬을 통해 자신이 타인에게 긍정적인 평가를 들을 만한 사람이라는 것을 확인하고 싶어 한다. 이렇게 이들은 원하는 것을 얻기

위해 타인에게 자신을 증명하고자 노력하는 방식에 길들여지게
된다.

칭찬을 받으면 안심이 된다

그렇다면 이들에게 칭찬은 정확하게 어떤 기능을 할까? 굳이
완벽주의자가 아니더라도, 칭찬과 같은 긍정적인 피드백은 사람
을 기분 좋게 만들어준다.

하지만 인정추구형 완벽주의자에게 칭찬은 단지 좋은 기분만
을 느끼게 해주는 반응이 아니다. 이들에게 칭찬은 타인의 반응
을 통해 자신의 성취를 '재확인'하는 과정이기 때문에, 칭찬을 받
으면 불안했던 마음이 금세 안정된다. 조금 어렵지만 정확한 설
명을 위해, 심리학의 '분리 개별화separation-individuation'라는 개념
을 소개하고자 한다.

아기는 부모에게서 조금씩 멀어지며 독립적인 개인으로 성
장하는데 이를 분리 개별화라고 한다. 아기는 매달리고 기어오
르고 걸음마를 하면서 부모(주 양육자)와 신체적으로 거리가 생기
고 심리적으로 독립을 준비하기 시작한다. 하지만 안심(일종의 '정
서적인 재충전')하기 위해서는 여전히 부모가 가까운 곳에 있다는

것을 확인해야 하기 때문에 아기들은 일정한 간격을 두고 부모를 찾는다. 그래서 종종 어린아이들은 "싫어!"를 외치면서 자기가 가고 싶은 곳으로 뛰어가지만, 눈으로는 부모가 뒤에 있는지를 확인한다.

하지만 자라면서 아이가 엄마를 찾는 경우는 점점 줄어들고 마침내 부모가 없어도 크게 불안해하지 않게 되는데, 이러한 변화가 보호자와 분리되어 '독립된 자기'를 형성하게 된 결과이다.

어린아이들은 점점 자기주장을 강하게 내비치고 독립심을 발휘하면서 성장하는 한편, 도움과 재확인을 받으려는 강한 욕구도 지니고 있다. 만약 어린아이가 앞만 보고 뛰어가다가 뒤돌아봤을 때 부모가 없다는 걸 알게 된다면 어떨까? 아마도 엄청난 공포에 휩싸일 것이다. 사실 이런 현상은 자연스러운 것으로, 사람은 누구나 개별적이면서도 다른 사람에게서 정서적 재충전을 얻고 싶어 하는 존재이기 때문이다.

그래서 불안할 때는 다른 사람이 괜찮다고 안심시켜주기를 바라는데, 그중에서도 칭찬은 내가 다른 사람들로부터 애정, 보살핌, 존경처럼 좋은 것을 획득할 가능성이 있음을 알려주는 명확한 지표가 된다. 자꾸만 인정받고 싶다는 것은 이런 것들이 계속 가능한지 확인하고 싶다는 뜻과 같다. 이런 측면에서 인정추구형 완벽주의자는 칭찬이 없으면 좋은 것들이 사라질지도 모른다는 위기감과 불안감을 느끼고, 칭찬을 받으면 크게 안심하는 유형이라고 볼 수 있다.

빼어나지만 시기할 수 없는 사람

인정추구형 완벽주의자는 다른 사람들이 좋아할 수밖에 없다. 눈에 띄게 빼어난 데다 겸손하기까지 하기 때문이다. 경쟁을 마다하지 않는 성향 덕분에 남보다 돋보이는 일이 많고, 칭찬을 독차지하는 경우도 많다. 놀라운 것은 눈에 띄는 성과를 내는 사람들이 동료들에게 미움을 받는 경우가 잦은데도, 이들은 다른 사람들의 미움이나 질투를 유발하지 않으면서 늘 조화롭게 지낸다는 사실이다. 그 어렵다는 사회생활을 아주 원만하게 해내는 놀라운 능력을 지닌 사람들이다.

인정추구형 완벽주의자의 수식어가 '눈치백단'인 이유가 여기에 있다. 이들은 인정을 추구하는 만큼 상대의 마음을 놀랄 만큼 잘 알아채기 때문에, 누군가가 불편한 마음을 내비치기 전에 먼저 다가가 문제를 해결한다. 또한 자신을 과시하거나 잘난 체하면서 다른 사람을 깎아내리지도 않는다. 그래서 뛰어난 사람임에도 적이 많지 않은 것이다.

인정추구형 완벽주의자 자신은 사람들의 반응에 신경을 쓰느라 피곤하다고 하겠지만, 역설적이게도 바로 그 특성으로 인해 '호감형' 완벽주의자가 되기도 하다.

심리학자 폴 휴이트와 동료들은 〈사회적 단절 이론〉[59]이라는 논문을 통해 완벽주의자의 대인관계를 설명하면서, 완벽주의가 때로 대인관계에 해로운 영향을 주기도 한다고 주장했다. 일반적으로 완벽주의자들은 자신이 결점 없는 모습을 보여야 사람들이 좋아할 거라고 생각해 결점을 없애기 위해 부단히 노력한다. 하지만 완결성을 추구하느라 스스로에게만 몰두하다 보면 공동체에 신경을 쓰지 못해 오히려 사회적으로 단절되는 결과가 발생하기도 하는 것이다.

그러나 인정추구형 완벽주의자는 사회적 단절감을 경험하는 여느 완벽주의자들과는 달리 능력을 인정받으면서 동시에 사람들과의 관계도 원만하다. 한국 사회가 유대감을 중요하게 여기는 특성('우리'나라 같은 표현을 쓰는 국가가 또 있을까?)이 있는 것을 고려해보면, 한국에서 학교를 다니거나 직장생활을 하면서 눈에 띄게 인정받으면서 사람들과도 잘 지내는 게 얼마나 어려운지 잘 알 것이다. "모난 돌이 정 맞는다"는 속담까지 있는 문화가 아닌가. 뛰어난 사람이 남에게 미움을 받기 쉬운 문화에서 이들의 능력은 참으로 부러울 수밖에 없다.

낙천적인 듯 보이지만 혼자 속을 끓인다

앞서 분리 개별화 개념으로 설명한 것처럼, 인정추구형 완벽주의자는 '고립과 상실에 대한 두려움'을 해소하기 위해 인정받으려고 애를 쓴다. 이들은 두려움을 느낄 때 인정받을 방법을 먼저 궁리한다. 향상초점을 지니고 있기 때문에 이미 얻은 호감을 유지하는 것을 넘어 더 크고 더 공고한 인정을 얻기 위해 노력한다. 이 때문에 겉으로는 긍정적이지만 사실은 불안감도 크게 느낀다. 타인의 평가는 예측할 수 없고 손을 쓸 수도 없는 영역이기 때문에 계속 속을 끓이게 된다. 자신의 가치를 평가할 때 타인의 인정과 피드백을 중요하게 생각하는 인정추구형 완벽주의자의 단골 멘트는 이렇다.

"너 먹고 싶은 거 먹자. 나는 아무거나 잘 먹어!"
"저번에 이 영화 보고 싶다고 했지? 내가 예매할까?"

다른 사람을 먼저 의식하느라 나를 내세우지 않고, 거절 또한 하기 어려워한다. 너무 바빠서 누군가의 작은 부탁조차 큰 부담이 될 때도 거절을 하지 못하고 받아들인 뒤 후회를 한다. 이들은 아무리 작은 요청이라도 거절했다가 그 사람이 자신을 싫어하게 되거나, 나중에 도움을 받지 못하게 될까 봐 걱정하기 때문에 무리를 해서라도 부탁을 들어준다. 다른 사람들이 자신을 어떻게 생각할지 고민하느라 정작 스스로에게는 소홀한 유형이라고 할 수 있다.

이들은 어느 날 문득 이런 생각을 할지도 모른다. '주변에 사람은 많지만, 진짜 내 마음을 알아주는 사람은 아무도 없구나.' 그래서 때로 많이 외롭다. 이럴 때 남의 부탁을 들어주거나 공동의 일을 혼자 도맡아서 하다 보면 불공평하다는 생각이 들고, 내가 챙겨준 만큼 나를 챙기지 않는 상대에게 서운한 마음이 생기기도 한다. 한마디로 '먼저 잘해주고 상처받는' 상황에 놓이기 쉬운 유형이다.

따라서 이 유형의 완벽주의자들은 자신에게 조금 더 집중해서, 내가 진정 원하는 것과 상대가 내게 원하는 것 사이에서 행동을 '조율'할 필요가 있다. 어떤 일에 진심 없이 임하면, 마지못해 한다는 티가 날 수밖에 없다. 아무리 숨기려고 해도 꾸역꾸역 나타나기 때문이다. 이러면 고생해서 도와주고도 '생색낸다'는 비아냥에 가까운 말을 들을 수도 있는데, 이들에게 그런 평가만큼 마음 아픈 일도 없다. "너무 피곤해서 차라리 무인도에 가서 혼자 살고 싶어요!"라고 외치고 싶겠지만, 사실 인정추구형 완벽주의자의 타인 중심적인 성향은 순기능도 많기 때문에 버리기 어렵다. 또한 어릴 시절부터 반복해온 패턴이라 어느 날 갑자기 무자르듯 잘라내기는 더욱더 어렵다. 좋은 평판을 얻고 싶은 마음, 그리고 더 큰 인정을 받고 싶다는 마음이 걷잡을 수 없이 솟구치는 그때가 바로 역설적으로 자신이 정말 원하는 것이 무엇인지, 그 내면의 목소리에 귀를 기울일 적기이다.

친절하지만 속마음을 모르겠다는 말을 듣는다

인정추구형 완벽주의자인 사람은 대개 친절하고 밝지만, 어딘가 모르게 묘한 거리감이 느껴질 때가 있다. 주변에 이 유형으로 여겨지는 사람이 있다면 한번 떠올려보라. 어쩌면 당신은 이들에 대해 실질적으로 아는 바가 별로 없다는 것을 깨닫게 될지도 모른다. 그 이유는 인정추구형 완벽주의자들이 자신을 남에게 완전히 드러내지 않기 때문이다.

맞장구도 잘 치고 추임새도 적절하게 넣어서 무척 이야기가 잘 통하는 것 같지만, 인정추구형은 자신과 관련된 주제나 이야기로 대화를 이끌지 않는다. 대신 상대방 중심으로 진행되는 대화에 적절한 반응을 보이며 적극 참여한다. 가끔 자신에 대한 이야기를 하더라도 대화의 주제를 상대에게 자연스럽게 넘기기 위한 방법으로 사용하는 경우가 많아서, 누군가가 나서서 집요하게 묻지 않으면 자신의 진짜 속마음을 잘 드러내지 않는다.

그래서 인정추구형 완벽주의자들은 사람을 좋아하고 가까이하고 싶어 하면서 동시에 싫어하기도 한다. 누군가가 나를 잊지 않고 찾는다는 사실이 기쁘고 혼자 있으면 허전해서 기꺼이 사람들을 만나러 나가지만, 만나서 1시간만 지나면 집에 가고 싶어진다. 1시간 이상의 긴 시간 동안 다른 사람에게 온전히 집중하기란 생각보다 고된 일이다. 게다가 좋은 인상을 주기 위해 애쓰면 애쓸수록 더욱 피곤할 수밖에 없다. 이 힘든 일을 잘 참아낸다면 고도의 사회적 기술을 갖고 있는 셈이지만, 끝없는 감정소모를 견딜 수 있는 사람은 많지 않다.

따라서 어색하더라도 조금씩 본연의 모습을 상대방에게 보여줄 필요가 있다. 모든 감정을 한꺼번에 드러내라는 것이 아니다. 감정의 일부분이든, 자신에 관한 사소한 진실이든 상관없다. 내 이야기를 하다 보면 대화가 훨씬 즐거워진다. 어차피 이 유형의 사람들은 자기 이야기를 잘 안 하는 편이라, 본인 기준에서 상당히 과감하게 말했다고 생각해도 일반적인 기준에는 못 미칠 확률이 높다. 또한 눈치가 빨라 대화를 독점해서 상대에게 폐를 끼칠 일은 없을 테니 조금은 마음을 풀어놓아도 좋다. 타인만이 아니라 자신에게도 집중하면, 누군가와 함께 있는 시간이 좀 더 편안해질 수 있을 것이다.

가끔 무리해서 일 욕심을 부린다

인정추구형 완벽주의자들은 향상초점을 지니고 있어서 더 많이 얻기 위해 새로운 시도를 하는 걸 좋아한다. 이들은 다양한 분야의 일에 개방적으로 응할 뿐만 아니라, 다른 사람들의 부탁도 거절하지 않는 편이기 때문에 넘치게 일을 맡기도 한다. 완벽주의 성향 자체가 높은 인정추구형들은 본인 기준에도 맞고, 다른 사람의 기대에도 부응할 만한 결과를 만들기 위해 밤샘 작업을 불사하는데, 바로 이때 위기가 찾아오기 쉽다.

무리하다 보면, 체력적으로나 정신적으로 쉽게 고갈되어 일이 계획대로 진행되지 않을 가능성이 있다. 이 경우 평판에 금이 가거나 주변인을 실망시킬지도 모른다는 생각이 들면, 인정추구형 완벽주의자는 상냥하고 밝았던 평소의 모습은 온데간데없이 불같이 화를 낼지도 모른다. 그리고 참지 못하고 있는 그대로의 자신을 내보였다는 생각에 곧바로 후회에 빠지기도 한다. 이들이 펄펄 뛰는 이유는 '나를 인정하는 사람(자원)'을 잃는다는 것이 공포에 가까운 두려움으로 다가오기 때문이다. 진짜 화가 나서 화를 내는 게 아니라 무서운 마음이 화로 표현되는 것이다. 따라서 인정추구형 완벽주의자들은 자신이 감내할 수 있을 만큼만 일을 맡는 것이 좋다.

연세대학교 상담심리연구실의 설문조사에 의하면, 이 유형의 완벽주의자들이 가장 행복하면서 동시에 가장 우울한 것으로 나타났다. 일이 순조로울 때는 자신감이 넘치고 만족감을 느끼지만, 조금이라도 난항을 겪으면 급격히 실망하고 의기소침해지며 심지어 슬퍼하기까지 한다. 거기에 평소엔 순하고 성실하던 사람이 갑자기 '멘탈 붕괴'를 숨기지 못하고 매사에 소홀해지는 모습을 보이면 타인에게 변덕스럽다는 인상을 줄 수도 있다.

누군가가 도움을 요청했을 때 잠시 숨을 고르고 생각해보자. 만사 제쳐두고 도와주는 것이 합당한 경우인지, 아니면 지금 내가 하고 있는 일에 집중하는 것이 더 효과적인지 생각해보는 것이다. 물리적으로 일을 더 맡기 어려운 상황이라면, 과감하게 거절하는 용기를 내보자. 인정추구형에게는 눈치백단의 실력을 발휘해 거절당한 이의 마음을 잘 헤아려 문제를 만들지 않을 능력이 충분히 있다. 다시 말하지만, 과도하게 일 욕심을 내지 말자.

무리하지 않으면 일관적인 모습을 보여주기도 쉽고, 단발적인 칭찬을 넘어 더 깊은 신뢰를 얻을 수 있을 것이다.

Keyword #일단 친절 #사람이 자원 #칭찬은 나의 원동력
#인정 잃으면 불안 #자기 돌봄에 소홀

완벽주의자 유형 2
:스릴추구 막판스퍼트형

• • •

> **외부 평가소재 × 예방초점**
>
> 임기응변이 뛰어나지만 중요한 일을
> 맡았을 때 실패와 평가에 대한 두려움이 커져
> 일을 미루는 경향이 있는 유형

막판스퍼트형 완벽주의자는 평가소재가 외부에 있으면서 예방초점을 지녔다. 평가소재가 외부에 있다는 점은 인정추구형과 비슷하지만, 예방초점을 지니고 있다는 점이 다르다. 이들은 다른 사람의 부정적인 피드백을 피하기 위해 움직인다. 이 유형의 사람들은 한마디로 '임기응변의 귀재'이다.

예를 들어, 프로젝트 시작 3일 전에 큰 오류가 발견됐다고 하자. 큰일이다. 기한은 정해져 있고, 이 일이 엎어지면 직장이고 팀이고 다 엉망이 될지도 모른다. 하지만 막판스퍼트형 완벽주의자들은 이런 극한의 스트레스를 견뎌낼 수 있는 사람들이다. 이들은 데드라인이 다가올수록 헐크로 변해 업무를 완수하고 하얗게 재가 되는데, 그야말로 '위기 탈출 넘버원' 수준의 막판 스퍼트를 보여준다. 물론 가끔은 위기 탈출에 실패할 때도 있다. 그러면 두려움이 엄습한다.

이 유형의 사람들에게는 '내가' 결정하는 것이 중요하기 때문에 대개 하기 싫은 일은 하지 않는다. 마음이 동하는 일에는 재미있어 하면서 몰두하지만, 남이 시켜서 하는 일에는 거부감이 크다. 그래서 때로 업무가 주어지면 하고 싶은 마음이 들 때까지 기다리거나, 완성도를 높이느라 일이 늦어지기도 한다. 이들은 다른 완벽주의자 유형보다 기준이 더 높고, 자신만의 영역과 스타일을 고집하는 경향이 있다. 그래서 마음 가는 일만 하는 자유주의자일 것 같지만, 사실 이들은 나름 원칙주의자다. 사회적 관계에서 상식과 규범을 지키려고 애쓰는 사람들이다. 특히 남에게 폐를 끼치거나 눈 밖에 나는 행동을 하는 것을 싫어하기 때문에 자신은 물론이고 다른 사람들도 상식적으로 행동하길 기대한다. 이들에게 망신을 당하거나 위신을 잃는 상황이 벌어지는 건 그야말로 끔찍한 일이다. 때로 좋은 인상을 유지하기 위해 부분적으로 진실을 숨기거나 과장을 섞기도 한다. 자존심이 세고 체면을 중요하게 생각해서 완벽한 모습을 보여야 안심한다.

본능을 활용할 줄 아는 사람

연세대학교 상담심리연구실에서 실시한 설문조사 결과, 막판 스퍼트형 완벽주의자가 보이는 가장 큰 특징은 '꾸물거림'이었다. 이들은 의도적으로 '막판의 스릴'을 조성해서 추진력을 얻기도 한다. 불안과 공포 같은 원시적인 감정을 느끼면 살아 있다는 느낌과 함께 아드레날린이 솟구쳐서 폭발적인 돌파력을 발휘할 수 있기 때문이다.

막판스퍼트형 완벽주의자는 때로 이 본능을 활용하기 위해 의도적으로 일을 미루고, 옥죄어오는 불안감을 발판으로 마감 직전에 전속력으로 일을 처리하기도 한다.

이렇게 자발적으로 일을 미루는 것을 심리학에서는 능동적인 꾸물거림active procrastination이라고 하는데, 긴박감을 이용하려고 의도적으로 일을 미루는 것을 뜻한다. 레오나르도 다빈치, 스티브 잡스도 마감 바로 직전에 훌륭한 작품을 남겼다. 『은하수를 여행하는 히치하이커를 위한 안내서』를 쓴 더글러스 애덤스Douglas Adams는 집필을 미루고 도망을 다녀 편집자들의 애를 태우다가, 결국 호텔에 갇혀 대작을 써냈다. 그렇다면 미루는 행동에도 어느 정도의 순기능이 있는 게 아닐까?

능동적인 꾸물거림은 강심장이 택할 수 있는 하나의 전략이지만, '해야 하는데……'라는 생각만을 반복하면서 꾸물거리고 기한 안에 과제를 마치지 못한다면 이는 수동적인 꾸물거림에 해당한다. 이 두 가지 꾸물거림 사이의 가장 큰 차이점은 '자기확신'이 있는가의 여부이다. 능동적으로 일을 미루는 사람은 시간의 압력을 받더라도 자신이 어떻게든 일을 해내리라는 확신이 있다. 이들은 실패라는 공포와 맞서 싸우는 투사로서, 일과 힘껏 맞붙어서 몇 시간이고 무아지경으로 작업을 하고 마감 1분 전에 극적으로 업무를 마친다.

하지만 수동적으로 꾸물거리는 사람은 자신에 대한 확신이 부족하다. 결과가 좋아야 인정받을 수 있는데, 혹시나 실패하면 창피라도 당하지는 않을까 하는 걱정에만 휩싸여 있다. 적정 수준의 불안은 사람을 고무시키고 몰입하게 만들어서 수행에 도움이 되지만, 과도한 불안은 '회피를 유발'한다.

그래서 수동적으로 꾸물거리는 사람은 업무에 몰입하기보다 도망치는 방법을 택한다. 보고서 파일을 열어 살펴보는 대신 책상을 치우거나 책장을 정리하고, 밥을 먹고, 샤워를 하면서도 정작 자신의 발등에 떨어진 일은 아무런 대책도 없이 그저 미루기만 한다.

실수를 감싸주어야 하는 이유

자주 일을 미루는 막판스퍼트형 완벽주의자는 어쩌다 실수에 민감해졌을까? 우리가 실수에서 무언가를 배우려면, 부끄러움이 해소되어야 한다. 예를 들어, 일곱 살 아이가 친구 집에 놀러 가서 친구 어머니에게 "아줌마, 과자 사주세요!"라고 말한다면 어떨까? 어떤 사람은 귀엽다고 생각할 수도 있고, 어떤 사람은 되바라진 아이라고 생각할 수도 있다. 만약 친구의 어머니가 "어머, 넌 무슨 애가 이렇게 당돌하니? 과자를 나한테 맡겨뒀니?"라고 한다면, 아이는 자신이 무언가 실수를 저질렀다고 생각하고 부끄러움을 느낄 것이다. 자신은 아무 의도 없이 천진난만하게 이야기한 것이지만, 핀잔이 돌아오니 당황스럽고 부끄러운 마음에 얼굴이 벌게진다. 그 이후로 아이는 '가족이 아닌 사람에게 뭘 달라고 하면 안 되겠다' '그 사람의 반응을 살피고 적절하게 반응해야겠다' '절대로 실수하지 말아야겠다'고 생각하고 조심하게(어쩌면 자연스럽게 행동하지 못하게) 될 것이다.

막판스퍼트형 완벽주의자는 어린 시절에 실수를 저질러 창피했던 경험이 있을 것이다.

자신이 한 어떤 행동 때문에 부끄러움을 느끼게 되면 자연스럽게 위축되는 게 사람의 심리이다. 또한 실수할 때마다 날카롭게 지적을 받으면 내 생각대로 행동하기가 어려워진다. 동시에 다른 사람이 제시하는 기준대로 맞추면 지적받거나 창피할 일도 없기 때문에, 차라리 타인의 의견에 나를 일치시키는 편이 안전하다는 것을 경험적으로 배우게 된다. 하지만 자유의지라는 기본적인 심리적 욕구를 충족하는 일은 인간에게 매우 중요하기 때문에, 다른 사람으로부터 구애받지 않는 자율성을 구축하고 싶어 한다. 부끄러움을 느끼지 않기 위해 다른 사람의 반응을 살피면서도 동시에 자율적이고 당당하고 싶은 욕구가 존재하기 때문에, 때로 "간섭 하지 마!"라며 세게 나가기도 한다. 빵빵한 풍선의 한 쪽을 억지로 누르면 압력이 과해져 튕겨나가는 것과 같다.

연세대학교 상담심리연구실에서 실시한 설문조사에 의하면, 막판스퍼트형 완벽주의자의 가장 큰 특징은 '꾸물거림'과 더불어 '실패에 대한 두려움'이었다. 막판스퍼트형 완벽주의자는 실수나 실패로 인해 창피당하지 않으려고 다른 사람에게 자신을 맞추다가 규칙을 잘 지키는 원칙주의자가 되었고, 동시에 내 마음대로 살고 싶은 반항심을 느끼면서도 체면을 중시하게 된 것이다.

실수를 감싸주어야 우리는 시행착오를 통해 배울 수 있다. 부끄러웠던 단 한 번의 경험 때문에 심리적 경향성이 굳어지는 것은 아니다. 하지만 만약 친구의 어머니가 너그럽게 아이의 요구를 받아주었거나 마뜩치 않더라도 친절하게 설명을 해주었다면 어땠을까? "과자가 먹고 싶었구나. 아줌마가 미리 준비해둘 걸. 우리 ○○는 붙임성이 참 좋은 아이네. 그런데 처음 보자마자 뭘 사달라고 하면 좋아하지 않은 어른도 있을 수 있어. ○○는 똑똑하니까 아줌마 말을 잘 이해할 수 있지?"라고 넌지시 알려주었다면, 아이는 자신의 행동을 자연스럽게 교정할 수 있었을지도 모른다. 그래서 수많은 교육 전문가들이 아이들의 천진난만함과 무지에서 오는 실수를 알려주되, 위축되지 않도록 감싸주는 태도로 교육해야 한다고 권고하는 것이다.

왜 미룰까?

사실은 그 일이 자신에게 대단히 의미있는 일이기 때문에 미룬다. 이 유형의 완벽주의자가 뭔가를 미루면서 고통받고 있다면, 그 일이 대단히 의미 있는 일이라는 것을 상기할 필요가 있다. 중요한 일을 미루는 이유는 게으르기 때문이 아니라 꼭 잘해내고 싶기 때문이다. 무엇보다 체면이 깎이는 일만은 피해야 한다. 완벽하게 해내야 한다는 부담감에 압도되면 실패할 요소를 없애는 데 몰두하게 된다. 하지만 과도한 부담감에 허덕이다 보면 굳이 이렇게까지 해야 하는지 회의감이 들고, 스스로의 노력이 무의미하다는 생각을 하게 된다. 그러면 하고 싶은 마음이 들 때까지 일단 미루며 딴짓을 한다.

또 다른 이유는 '자기 불일치self-discrepancy' 때문이다. 내가 생각하는 '현실의 나'와 '이상적인 나' 사이의 간극이 큰 것이다. 자기 불일치가 커지면 어떤 일을 할 때 잘 못 해낼지도 모른다는 두려움과 부담감을 크게 느끼기 때문에 회피해버리고 싶은 마음도 덩달아 커지게 된다. 가령 기획안 제출 업무가 주어졌을 때, 이상적인 나라면 나흘 내에 모두가 고개를 끄덕일 만한 완벽한 기획안을 완성할 수 있어야 한다. 하지만 현실의 나는 기획안의 첫 문단에 머물러 있다. 이미 시작이 늦어진 데다, 시간이 흐를수록 완벽하게 끝마칠 자신감이 점점 더 사라져서 빠른 완성은 커녕 집중할 에너지조차 남아 있지 않다. 이렇게 간극이 크다 보니 점점 더 자신감이 사라지고, 이 아이템이 적합한지 다른 아이템을 발전시켜야 하는지 모르는 '선택장애'에 빠지기 쉽다. 게다가 막판스퍼트형 완벽주의자는 자기 확신이 부족한 경우가 많아서(실패에 대한 두려움이 크다는 점만 보아도 알 수 있다) 실제보다 자신의 능력을 과소평가하고 있을 가능성도 크다. 능력이 부족하다는 것을 확인하는 것도 싫고, 높은 이상까지 도달하려면 뼈를 갈아 넣을 각오로 노력해야 하니 옴짝달싹하지 못하게 된 것이다.

잘하려고 했는데 상황이 여의치 않았어요

막판스퍼트형 완벽주의자는 언제나 실패할지도 모른다는 것을 가정한다. 그래서 실패하더라도 책임을 피할 변명거리를 만들어둔다. 다른 사람의 인정을 잃고 망신을 당할까 봐 나름 적절해 보이는 변명을 미리 만들어두는 것인데, 사실 속으로는 이렇게 변명거리나 준비하고 있는 자기 자신을 한심하게 여기며 꾸짖고 있을 가능성이 크다. 아래는 막판스퍼트형 완벽주의자가 실패했을 때의 단골멘트와 진짜 속마음이다.

단골멘트	속마음
"정말 갑자기 일이 생겨서요. 진짜 열심히 했는데 시간이 좀 부족했어요." "나 나름대로는 정말 노력했는데 상황이 따라주질 않네."	'내가 그렇지 뭐…'

이 유형의 완벽주의자들은 늘 아쉬움이 크고, 깊게 후회한다. 부모님이 조금만 더 나에게 투자를 해 훌륭한 스펙을 갖췄더라면, 혹은 내게 시간이 조금만 더 허락됐다면 충분히 해낼 수 있었을지도 모른다는 생각에 회한이 깊어지고 자꾸만 과거에 매몰되게 된다. 이들이 핑계 대기와 후회의 악순환에서 벗어나기 위해서는 스스로 자신의 잠재력을 축소하지 않겠다는 다짐을 해야 한다. 아무리 정당한 이유가 있었더라도 스스로 불리한 여건(꾸물거리다 작업 시간을 허무하게 소모하는 일 등)을 만들다 보면, 갈수록 성공 경험이 줄어든다. 꾸물거림을 해소하는 데 가장 좋은 방법은 작은 성공 경험을 지속적으로 쌓는 것이다. 불리한 처지를 부각시켜 다른 사람의 이해를 구하기보다, 강점을 활용해 성공 경험을 쌓다보면 점점 자기 확신이 커지는 것을 느끼게 될 것이다.

현실적인 낙관주의를 장착하자

막판스퍼트형 완벽주의자는 가끔 근거 없는 자신감을 보인다. '오늘 못한 일은 내일의 내가 해낼 거야' '마음을 먹지 않아서 그렇지, 내가 마음만 제대로 먹으면 누구보다 좋은 성과를 낼 수 있어' 같은 자신감은 사실 허황되다. 습관은 무서운 것이어서 오늘 못한 일은 내일도 못할 가능성이 크고, 그 일에서 성공해본 경험도 없으면서 마음만 먹으면 다 해낼 수 있다는 믿음은 꿈속에서나 실현 가능한 일이다.

이렇게 나에게는 어찌 됐든 좋은 일만 생길 거라고 믿는 것을 '비현실적인 낙관주의unrealistic optimism'라고 한다. '현실적인 낙관주의realistic optimism'에는 미래를 긍정적으로 전망하면서 현실적인 대처와 실행이 뒷받침되는 반면, 비현실적인 낙관주의에서는 실질적인 행동 없이 노력하지 않아도 온 우주의 기운이 날 도와줄 거라는 허황된 생각만이 강하게 드리운다.

막판스퍼트형 완벽주의자들은 일을 시작하기 전부터 실패를 두려워하며 위축되기 때문에 일종의 자기위안으로 낙관주의를 표방할 수 있다. '뭐, 망하기야 하겠어?'라고 생각하며, 100퍼센트 몰입할 수 있을 것 같은 마음이 들 때 시작하겠다는 막연한 생각이다. 하지만 경험이 증명하듯 '완벽한 때'란 결코 존재하지 않는다. 꿈에 조상신이 나타나 "이제 승진 시험 준비를 시작하거라, 지금이 최적의 타이밍이다"라고 말해주는 것이 아니란 말이다. 비현실적인 낙관주의를 지닌 완벽주의자는 딴짓을 하며 최대한 일을 미루다가 뒤늦게 불꽃을 태우듯 전투적으로 일에 뛰어들지만, 물리적인 시간의 부족으로 머릿속으로 기대한 만큼 완벽하게 일을 해내지 못한다.

따라서 이 유형의 완벽주의자에게는 단연코 용기가 필요하다. 회피하지 않고 행동할 수 있는 용기 말이다. 일부러 딴생각과 딴짓을 하며 불안을 잠재우려 하는 건 결코 도움이 되지 않는다. 가슴에 바윗덩이를 올려놓은 듯한 부담감 속에 자신을 가두지 말고, 일단 시작해보자. 당장 각 잡고 컴퓨터 앞에 앉아 밤을 새우며 일을 끝마치지 않아도 된다. 다만 부담이 없을 정도로 일을 나누어 완수하기 위해서는 일단 그 일을 시작해야 한다. 퇴근할 때 관련 내용을 출력해와 침대에 누워 음악을 들으며 느긋하게 훑어보는 예열 시간을 갖는 것도 좋다.

자신이 일단 시작하면 일을 제대로 해낼 수 있는 능력을 가진 사람임을 기억하자. 그렇게 하다 보면 어느새 일에 대한 생각이 조금씩 정리가 될 것이다. 무엇을 해야 할지, 분량은 어느 정도인지, 어디서 도움을 받을 수 있을지 생각하는 것만으로도 갈 길이 절반으로 줄어든다.

이런 식으로 비현실적인 낙관주의에서 벗어나 현실적인 낙관주의를 조금씩 키우면, 막판추구형 완벽주의자의 고질병인 불안을 포함한 부정적인 정서를 빠르게 극복할 수 있다.[60] 임기응변의 귀재인 막판스퍼트형은 일단 '시작하는 용기'만 발휘하면, 성취를 이끌어낼 만한 자질이 충분하다.

소요 시간에 대한 정확한 인지

막판스퍼트형 완벽주의자는 마감이 임박했을 때 무서운 집중력을 발휘해 단기간에 업무를 완성하는 일에 능숙한 유형이다. 다른 사람들은 사흘 정도의 기간을 두고 진행하는 일을 하루 만에 끝내기도 한다. 문제는 그 놀라운 능력이 마감 직전에야 발휘돼 남들보다 앞서갈 시간적 여유를 스스로 갉아먹는다는 데 있다. 막판스퍼트형 완벽주의자는 내심 일을 빨리한다는 자부심을 가지고 있을지 모르지만, 제출 시기는 대개 남들과 같기 때문에(가끔은 늦기도 한다) 더 좋은 평가로 이어지지는 않는다. 어쩌면 급하게 일한 티가 나서 평가가 더 좋지 않을 수도 있다.

압박이 최대치로 올라갈 때까지 일을 시작하지 않는 성향 탓에 장기 프로젝트를 맡았을 때는 약점이 더욱 크게 드러난다. 프로젝트가 6개월 정도의 긴 기간 동안 이루어질 때, 실행에서 가장 중요한 것은 명확한 시간 계획과 그에 따른 업무 배분이다. 이들에게 장기 프로젝트를 맡기면 부담감이 너무 커서 처음 두 달 동안은 아무것도 하지 않은 채 일을 미룰지도 모른다. 이들은 짧은 시간에 모든 것을 쏟아 붓는 단거리 달리기에는 익숙하지만, 계획적으로 체력을 배분하고 완급 조절을 해야 완주가 가능한 마라톤에는 매우 서툴다. 만약 부지런한 상사나 관리자가 있어

매일 업무 진행 상황을 체크하며 압박을 가한다면 별다른 문제가 생기지 않을지도 모른다. 하지만 온전히 혼자 진행해야 하는 프로젝트라면 스스로 모든 것을 컨트롤해야 하는 상황에 놓이게 되고 엄청난 부담감에 시달릴 가능성이 크다. 이 부담감을 떨치지 못하면 6개월 중 넉 달 정도는 아무 생각 없이 지내다가, 어느 날 마감이 두 달밖에 남지 않았으며 그 기간 내에 의미 있는 성과를 내놓을 수 없겠다는 생각이 들면 일순간에 모든 것을 포기해버릴 수도 있다.

따라서 막판스퍼트형 완벽주의자들에게는 앞서 말한 '시작하는 용기'와 함께 '현실적으로 시간을 관리하는 능력'이 절대적으로 필요하다. 심리학에서는 이를 '시간 조망time perspective'이라고 하는데, 어떤 목표를 달성하기 위해 시간이 얼마나 걸릴지 이전 경험에 비추어 추정하는 것을 의미한다. 다시 말해 일에 소요될 시간을 현실에 가깝게 예상하는 능력을 의미한다. 6개월이라는 부담스럽게 긴 기간 동안 각 언제쯤, 무엇을 해야 할지 그림이 그려지면 불확실성이 줄어들어 일에 착수하기 수월해질 것이다.

Keyword #기분파 #수동적인 꾸물거림 #망신에 대한 두려움
#미리 핑곗거리 만들기 #속으론 후회

완벽주의자 유형 3
: 방탄조끼 안전지향형

• • •

내부 평가소재 × 예방초점

신중하고 성실해서 한국 사회에서 가장 환영받지만
안전과 현상유지를 중요시해 변화나 도전을
기피하는 경향이 있는 유형

방탄조끼 안전지향형 완벽주의자는 평가소재가 내부에 있고 예방초점적인 유형이다. 예방을 중요시한다는 점에서는 막판스퍼트형 완벽주의자와 비슷하지만, 평가소재가 내부에 있다는 점에서 큰 차이를 보인다.

이 유형은 신중하고 성실한 덕분에 한국에서 가장 환영받는 이른바 '한국형 완벽주의자'로, '개인적인 실패'를 피하기 위해 움직인다. 자신을 적극적으로 드러내지 않지만 적절한 답을 알고 있어서 중요한 일을 담당하는 경우가 많다. 이들은 어떤 일을 시작할 때 조용히 분석하고, 일이 틀어질 위험성을 차단하기 위해 철저하게 계획한다. 사람들이 '저 사람 완벽주의자야'라고 말할 때 흔히 떠올리는 신중함, 무결점 같은 단어에 잘 어울리는 유형이다. 또한 심사숙고하고 말을 아끼며, 결코 어떤 것도 단언하지 않는 스타일이다. 100퍼센트 확신할 수 없는데 뭔가를 예단하는 것은 너무 위험하고 무책임한 일이라고 생각하기 때문이다.

그래서 이들과는 내기 같은 걸 하지 않는 것이 좋다. 신중하고 꼼꼼한 안전지향형 완벽주의자가 어떤 내기에 응했다면, 정답을 이미 알고 있는 경우일 것이다. 어떤 사실의 진위여부를 두고 실랑이를 하면서 누가 맞는지 확인하기 위해 포털에 검색해봤자, 이들을 이길 확률은 낮다. 관찰력이 있는 사람이라면, 이들이 내기에 응하면서 슬며시 미소 짓는 걸 볼 수 있을 것이다.

연세대학교 상담심리연구실에서 실시한 설문조사에 의하면, 이 유형의 사람들은 다른 유형들보다 완벽주의 점수가 상대적으로 '낮은 편'이었다. 다른 사람들의 반응에 크게 가중치를 두기보다 스스로의 기준에 맞춰 행동하며, 오히려 주목받으면 쑥스러워하는 유형이기 때문인 듯하다. 이들은 스스로 평가했을 때 완벽을 기하고 있다는 확신이 들면, 다른 사람들의 반응과는 상관없이 만족할 수 있는 그런 사람들이다. 예방에 초점이 맞추어져 있기에 도전보다는 현상 유지에 집중하지만, 이런 면이 한국 사회의 정서와 잘 맞아 떨어져 환영받는 완벽주의자가 되었다.

돌다리도 두드려보는 신중함

안전지향형 완벽주의자에게 가장 중요한 것은 문제가 발생하지 않도록 물샐틈없이 계획하는 것이다. 가능하면 손실을 최소화하면서 성과를 달성하는 것이 이들의 목표다. 남들보다 빼어난 성과를 통해 스포트라이트를 받는 것보다 사전에 계획한 대로 안전하게 가는 게 더 중요한 유형이다. 인정추구형 완벽주의자들이 처세술을 펼치고, 막판스퍼트형 완벽주의자들이 낙관하며 일을 미룰 때, 안전지향형 완벽주의자는 조용히 모든 계획을 다시 한번 검토한다. 만약 이들과 해외여행을 떠난다면 최소 출국 2주 전에 반드시 구매해야 할 쇼핑 목록은 물론 가봐야 할 음식점, 여행지 정보, 날씨, 동선, 예상 이동 시간을 포함한 완벽한 여행계획이 담긴 문서를 받게 될 것이다.

이들은 언제나 빈틈없는 계획을 세워서 '실행 가능성'을 높인다. 덕분에 예기치 못한 일로 당황하는 일이 적다. 이 유형의 완벽주의자가 한 분야에서 오랫동안 종사한 경우 한 프로젝트를 진행할 때 예상 가능한 돌발 변수들을 거의 완벽하게 꿰뚫고 있기 때문에, 아무리 성난 물결이 닥쳐와도 무난하게 파도를 탈 줄 아는 사람이 된다. 빈틈없이 계획하는 데 많은 에너지를 쓰지만 돌발 상황을 만나 좌절할 위험이 적다는 강점이 매우 돋보이는 유형이다.

방어적 비관론

안전지향형 완벽주의자를 대할 때 염두에 두어야 할 점이 있다. 바로 이들의 '방어적 비관론'을 존중해주어야 한다는 것이다. 이 유형의 사람들은 "실패할지도 모른다"는 말을 많이 한다. 그래서 이 유형의 상사와 함께 처음 일하는 팀원들은 자칫 불안해할 수 있다. '실패할 거라면서 왜 해야 하지?'라는 근본적인 의구심이 들 수 있기 때문이다.

하지만 앞서 언급한 것처럼 이들이 실패 가능성을 입에 올리는 것은 무엇이든 100퍼센트 확신할 수는 없다는 안전지향적인 사고 때문이다. 이들은 말로는 실패할지도 모른다고 하면서도, 행동으로는 실패를 줄이고자 완벽에 완벽을 기해 예상 가능한 변수들을 파악하고 이를 계획에 반영할 것이다.

다시 말하지만, 이들은 '냉철한 현실주의자'이다. 그래서 '우리가 맡은 일이 반드시 성공할 거라는 보장이 어디 있지?' 하는 생각을 늘 머릿속에 담아두고 있다. 어찌 보면 안전지향형 완벽주의자에게 비관론은 하나의 전략이기도 하다. 해내야 할 일의 밝고 긍정적인 면을 보는 것도 필요하지만, 목표를 성취하기 위해서는 현실적인 관점이 더욱더 중요하기 때문에 실패 가능성을 염두에 두는 것이다.

철저하게 대비하지 않으면 실패할지도 모른다는 예방초점적인 위기감이, 이들에게는 '제대로 해야 한다'는 강력한 동기를 부여한다. 실패를 최소화하는 세심한 계획과 안전제일을 추구하는 성격은 일을 성공적으로 마무리하는 데 있어 찰떡궁합의 조합이다.

숨은 공로자

안전지향형 완벽주의자는 마땅히 받아야 할 칭찬을 다 받지 못할 가능성이 크다. 일을 너무나 매끄럽게 진행한 덕에 그간의 엄청난 고생이 눈에 잘 띄지 않기 때문이다. 흠은 구태여 들추지 않아도 눈에 들어오지만, 아무 문제없이 현상이 잘 유지될 때는 이를 위해 노력한 숨은 공로자가 누구인지 알아채기 어렵다. 그러나 일의 모든 단계에서 마지막 처리를 도맡아 하며, 문제를 최소화하는 데 노력했던 안전지향형 완벽주의자가 팀에서 빠지게 되면 모두가 그 사람의 빈자리를 크게 느끼게 될 것이다. '이 사람이 그동안 이렇게 많은 일을 하고 있었구나' 하는 생각이 절로 들 것이기 때문이다. 마치 보이지 않는 그물망을 치듯 일이 잘못된 경로로 가지 않도록 성실하고 조용하게 조력해온 안전지향형 완벽주의자가 사라지면, 돌발 변수 앞에서 모두가 허둥댈 때 중심을 잡기가 어려워진다. 그래서 이 유형의 완벽주의자는 '든 자리는 몰라도 난 자리는 안다'는 말에 가장 잘 어울린다.

안전지향형 완벽주의자의 또 다른 특징은 다른 사람들에게 인정을 요구하지 않고, 자신의 공로를 드러내 과시하는 법이 없다는 것이다. 이는 실패를 했을 때도 비슷한데, 누군가에게 속상한 마음을 털어놓고 심리적 지지를 받으려 하는 대신 자신의 견고한 세계 안에서 실패에 대한 두려움을 홀로 감당하고 해소하는 경우가 많다. 그래서 이들은 아주 절친한 관계에서도 '꼭 말로 다 표현해야만 아는 걸까?' 하는 생각을 한다.

만약 이 유형의 완벽주의자들이 서운하다는 말을 꺼냈다면, 아마 도저히 참을 수 없을 만큼 서운함이 쌓인 상태일 가능성이 크다. 하지만 그간 이런 상황을 겪어본 적이 없는 상대방은 이런 태도를 갑작스럽다고 받아들일 테고, 힘들게 꺼내 보인 마음을 제대로 보듬어주지 못할지도 모른다. 이럴 때 안전지향형 완벽주의자들은 철저히 외롭다고 느낀다.

나는 내가 지켜야 한다

안전지향형 완벽주의자의 부모는 아마 어린 시절 자녀가 떼를 쓰거나 응석을 부리는 행동을 용인하지 않았을 것이다. 부정적인 감정을 그대로 드러내면 부모가 탐탁해하지 않는다는 것을 알기 때문에, 안전지향형 완벽주의자는 어린 시절에 자신의 기분을 있는 그대로 표현하기보다 속으로 삭이는 일이 많았을 것이다. 그렇게 감정을 억제하는 일에 익숙해지자 부모를 비롯한 다른 사람들은 나이보다 의젓한 아이로 이해했을 것이다. 부모는 아이의 예의 바르고 성숙한 태도에 흐뭇해했고, 안전지향형 완벽주의자 스스로도 독립적인 자신의 모습에 자부심을 느끼며 성장했을 것이다. 그렇게 안전지향형 완벽주의자는 어린 시절에 일찍 철이 들었을 것이다.

그러나 부모가 크게 신경 쓰지 않아도 되는 의젓한 아이였다는 점은 아이다운 모습을 마음 편히 드러낼 수 없이 자랐다는 뜻으로도 이해 가능하다. 어쩌면 어린 시절에 필요한 정서적 교감을 제대로 하지 못했을 가능성도 있다. 부모가 있는 그대로의 감정을 잘 받아주지 않았기 때문에, 스스로 감정을 억제하고 통제하면서 한편으로는 의젓하지만 다른 한편으로는 부모의 신뢰를 잃지 않기 위해 안정적으로 좋은 결과를 낼 수 있는 일에만 몰두했을지도 모른다. 그것이 신중함과 완벽한 계획을 토대로 하는 안전지향적인 모습으로 드러나게 된 것이다. 이들은 마치 먼 타지에 혼자 남은 사람처럼, 스스로 자신을 지켜내는 법을 배워야 한다는 생각이 강했을 것이다.

그래서 이 유형에겐 언제나 안전제일이 최고의 지향점이다. 과감한 모험을 하려면 나 말고도 믿는 구석이 있어야 하는데, 일찍 철이 든 안전지향형 완벽주의자들은 '믿을 사람은 나 자신뿐'이라는 태도로 성취를 경험해왔다. 이러한 배경 덕분에 다른 사람의 칭찬 없이도 꾸준히 노력할 수 있게 되었고, 그 결과 자신만의 세계가 견고해졌다.

과감히 포기할 줄 아는 결단력 필요

아무리 노력했더라도 좋지 않은 징후들이 계속해서 나타난다면, 그 꿈을 과감히 포기하는 게 더 나은 선택일 때가 있다. 누가

봐도 성공할 가능성이 희박한 일 앞에서 끝까지 고집을 꺾지 않으며 버티는 것은 능사가 아니다. 하지만 포기할 용기를 내기보다 일단 버티는 전략을 택하는 사람들이 많다. 그간 투자했던 시간과 노력처럼 다시 회수할 수 없는 가치, 다시 말해 매몰비용이 너무나 아깝기 때문이다.

완벽한 계획과 신중함으로 어떤 일에 착수한 안전지향형 완벽주의자들은 특히 실패를 인정해야 할 시기를 제때 알아차리지 못하는 경향이 있다. 이들의 최대 관심사가 실패를 피하는 것에 있기 때문에 그럴 수도 있고, 포기라는 '과감한' 결정을 내리기 어려워하는 측면이 있기 때문에 그럴 수도 있다.

또한 안전지향형 완벽주의자는 평가소재가 내부에 있기 때문에, 다른 사람들의 이야기에 귀를 기울이기보다 스스로의 판단을 더욱더 믿고 실패라는 현실을 외면할 수도 있다. 어떤 일을 시작하면서 실패를 겪지 않기 위해 꼼꼼히 계획하고 큰 그림을 그리면서 인내해온 데다, 스스로를 믿으며 성취를 이끌어낸 경험이 많은 유형이라 자신이 실패했다는 사실을 받아들이기 어려워할 수도 있다. 이 때문에 깔끔하게 포기하고 돌아서는 결정을 쉽게 내리지 못한다.

안전지향형 완벽주의자가 평직원이라면, 실패를 제때 인정하지 않음으로 해서 발생하는 리스크는 그리 크지 않을 수도 있다.

하지만 최고경영자가 안전지향형 완벽주의자로서 잘못된 고집을 꺾지 않는다면 기업의 안정적 운영을 위협하는 심각한 리스크가 발생할 수도 있다. 예를 들어 스포츠 브랜드 언더아머under armer는 최근 저조한 판매실적으로 고전하고 있다. 스포츠웨어와 일상복의 경계를 허문 '애슬레저룩Athleisure look'이 트렌드가 되었지만, 언더아머는 유행에 편승하지 않고 전문 스포츠 브랜드라는 이미지를 지키기 위해 기능성이 높고 튼튼한 제품만 지속적으로 출시한 탓이다. 디자인이 세련된 운동복을 선호하는 소비자들의 수요가 커지면서 언더아머는 판매율이 점점 하락하고 있는 추세다.

예방 더하기 즐거움

사내 공모전에서 1등을 수상할 때의 즐거움과, 졸업을 앞둔 학년 말 과락을 면했을 때의 즐거움은 성격이 다르다. 전자가 짜릿함이라면 후자는 안도감에 가깝다. 안전지향형 완벽주의자의 초점은 온통 창피함, 슬픔, 좌절과 같은 부정적인 정서를 피하는 것에 맞춰져 있다. 그간 경계 태세를 늦추지 않고 꾸준히 애써온 덕에 실패한 적이 거의 없지만, 짜릿할 만큼 기분이 좋았던 순간도 별로 없었다는 점을 깨달으면 아쉬워진다.

안전지향형 완벽주의자가 자신만의 세계를 벗어나 다른 세계로 시야를 '확장'하려면 긍정적인 정서가 필요하다. 긍정 정서 연구의 권위자인 바버라 프레드릭슨Barbara Fredrickson이 주창한 '긍정 정서의 확장 및 구축이론The broaden-and-build theory of positive emotions'에 의하면 부정적인 감정은 사고와 행동의 범위를 좁혀서 생존하는 데 필요한 에너지를 제공하고, 긍정적인 감정은 사고와 행동을 확장해서 새로운 가능성과 자원을 구축하도록 돕는다.

바버라 프레드릭슨의 실험에 의하면,[61] 유쾌함과 만족감 같은 긍정 정서를 느낀 사람들이 창의성이 더 뛰어났고, '큰 그림'을 볼 줄 알았다고 한다. 이는 무엇을 의미할까? 안전지향형 완벽주의자에게 예방은 이미 충분한 상태다. 따라서 자세를 낮춘 맹수처럼 충분한 관찰을 통해 준비를 마쳤다면, 적당한 선에서 경계심을 낮추고 설렘과 기대감을 높일 필요가 있다.

과정을 즐기는 향상목표

안전지향형 완벽주의자가 자신의 목표를 실행할 때 설렘과 기대감을 더하기 위해서는 향상초점이 필요하다. 별 탈 없이 평온한 것만으로도 만족하는 안전지향형에게 자꾸만 '성장'과 '번영'에 대해 강조하는 이유는, 무엇을 보고 달리느냐에 따라 그 여정이 다르게 경험되기 때문이다. 목표의 성격에 따라 두 가지 유형으로 구분할 수 있다.[62] 성과목표와 향상목표를 비교한 하단 박스 내용을 참조하자.

안전지향형 완벽주의자가 향상목표를 추구할 수 있다면, 노력하는 과정을 더 즐기게 될 것이다. 워낙 실패에 민감한 터라 안전제일을 추구하는 성향이 한순간에 바뀌기는 어렵지만, 자기

성과목표	향상목표
'1등' '우승' '합격'처럼 성과를 통해 자신의 능력을 보여주는 것이 목표	성과 달성 과정을 통해 능력을 계발하고 기량을 높이는 것이 목표
: 목표 달성 기준이 뚜렷하기 때문에 동기부여가 잘 되지만 '성공 혹은 실패'라는 이분법적 사고 때문에 실패할 가능성이 높은 일에는 쉽게 도전하지 못한다. 성공과 직접 관련성이 없는 정보(예: 승진 시험과 관련 없는 과목)에는 관심을 갖지 않는다.	: 실패를 해도 자신의 가치가 떨어진다고 생각하지 않기 때문에 성공 확률이 높지 않은 일에도 과감히 도전하며, 성공보다는 스스로 '성장하고 있는지'에 더욱 집중한다. 점차 나은 방향으로 변화하고 있다는 주관적인 느낌을 가장 중요시한다.

평가로 직결되지 않는 영역, 즉 취미 활동처럼 완벽함에 대한 부담감이 적은 영역에서부터 향상초점을 기르는 연습을 할 필요가 있다.

가끔은 비효율적이어도 괜찮아

안전지향형 완벽주의자는 효율적으로 의사소통한다. 주로 오해의 소지가 적고 기록이 남는 방식으로 업무 소통을 하는 방법을 선호한다. 또, 기록을 남길 때도 초점만 명확히 전달하는 방향을 추구한다. 가령 업무 메일로 회의록을 보낼 때 인정추구형 완벽주의자는 기록을 받아보는 이의 기분에 초점을 맞춰 한껏 예의바르고 친근한 메일을 보내려 노력하겠지만, 안전지향형 완벽주의자의 경우에는 상대방의 반응보다 의사소통상의 오류를 줄이는 게 더 중요하기 때문에 군더더기를 뺀 간단한 인사와 함께 팩트만을 담은 이메일을 보낼 가능성이 크다.

이런 태도는 때로 너무 단호하게 보일 수 있다.
어쩌면 주변 사람에게 곁을 안 주는 차가운 사람이라는 말을 들을지도 모른다.

따라서 안전지향형 완벽주의자는 효율성과 명료함만이 전부가 아니라는 걸 기억할 필요가 있다. 일만 놓고 봤을 때는 유쾌한 사건이 아니지만, 갑작스러운 돌발 상황을 함께 극복한 경험을 통해 전우애가 싹트기도 한다. 이룬 것을 으스대지 않는 안전지향형이지만 가끔은 생색을 낼 필요도 있다. 그런 모습이 인간적으로 보일 수도 있음을 기억하자.

Keyword

#안전제일 #자기-의존적 #숨은 공로자
#효율성 추구 #앓는 소리 못해

완벽주의자 유형 4
: 강철멘탈 성장지향형

• • •

성장지향형 완벽주의자는 평가소재가 내부에 있고 향상초점
적인 유형이다. 자기평가소재가 내부에 있다는 점에서는 안전지
향형과 비슷하지만, 이들은 성취지향적이기 때문에 안전을 추구
하기보다 '더 멋지고 좋은 것을 얻기' 위해 모험을 하는 데 주저
함이 없다. 이들 역시 다른 사람의 시선보다는 자신만의 기준에
따라 행동하고, 스스로 가치 있다고 생각하는 것을 얻고자 적극
적으로 움직이는 유형이다.

"나는 무엇이든 할 수 있고, 이 일도 반드시 해낼 것이다."

개인주의가 강한 문화권인 서구의 심리학자들 사이에서 이견 없이 '베스트 유형'으로 알려진 완벽주의자가 바로 성장지향형이다. 이들은 언제나 밝고 경쾌하다. 높은 긍정성을 바탕으로 복잡한 일도 쉽게 해내며 자신의 완벽주의적인 성격을 적극적으로 활용하는 사람들이다.

연세대학교 상담심리연구실에서 실시한 설문조사 결과, 한국의 완벽주의자 중에서도 이 유형이 가장 행복하고 심리적으로도 건강한 것으로 나타났다. 자신의 완벽주의를 잘 이용하고 성취도 뛰어나며 일상에서도 가장 행복한 유형이라는 점에서, 성장지향형의 모습은 완벽주의자들의 '종착 희망지'가 아닐까 싶다. 한 가지 흥미로운 점은 이 유형에 속한 사람들이 대부분 50대 이상이었다는 점이다. 발달심리학자인 에릭 에릭슨Erik Erikson이 제안한 전 생애적인 발달단계 중 '자아통합'을 이루는 때가 50대로 나타난 것은 우연의 일치만은 아닐 것이다. 태어날 때부터 성장지향형인 경우가 드물다는 것을 생각해보면, 성장지향형 완벽주의자는 시간을 통해 축적한 풍부한 경험과 확장된 지론 및 가치관을 통해 '만들어져가는' 유형임을 암시하기도 한다.

완벽주의로 인한 불안과 '지나침too much'의 독 때문에 오랫동안 고생해온 사람들에게 이 유형의 모습은 낯설 뿐만 아니라, 비현실적으로까지 느껴질지도 모른다. 그러나 성장지향형 완벽주의자들은 분명히 존재하고, 이들은 스스로의 완벽주의를 잘 다스려 심리적으로 건강할 뿐 아니라 높은 성취를 이끌어내는 자신감 또한 높으며, 완벽주의를 활용해 문제를 해결하는 데도 익숙하다.

게다가 성장지향형 완벽주의가 타고나는 것이 아니라 만들어지는 것이라는 지점은 분명 모든 완벽주의자에게 희망적인 일이다. 예를 들어, 임기응변에 능하고 돌파력이 강한 막판스퍼트형 완벽주의자는 성장지향형으로 변모할 자질이 충분하다. 단지 예방초점적이어서 쉽게 겁을 먹고 꾸물거리는 것뿐이다. 그렇다면 우리는 성장지향형 완벽주의자에게서 무엇을 배울 수 있을까?

낙관적인 현실주의자

성장지향형 완벽주의자는 일이 잘됐을 때의 기쁨과 흥분을 늘 생각하고 바라기 때문에 새로운 일을 시작하면 무척 설렌다. 또한 자신의 전문 분야가 아니더라도 망설이지 않고 도전한다. 주변의 다른 사람이 위험성을 가늠하며 머뭇거릴 때 이 유형의 완벽주의자들은 과감하게 결단하고 배짱 있게 추진한다.

성장지향형 완벽주의자에게는 '획득'이 핵심이다.

모두가 알고 있는 사실이지만, 블루오션을 선점하려면 대단한 용기가 필요하다. 일례로 지금은 너무나도 유명한 앱인 '배달의 민족'은 창업 초기에는 업종마저 생소한 스타트업이었다. 소비자가 직접 전화를 걸거나 방문하지 않아도 음식 주문 및 배달을 연결해주는 플랫폼이었는데, 전단지를 훑으며 동네 음식점 전화번호를 일일이 확인하고 주문해야 하는 번거로움을 해소하고 간단한 앱 내 검색 혹은 업종별 리스트 정렬을 통해 음식점의 평점은 물론 리뷰를 손쉽게 찾아보고 결제까지 한 번에 끝낼 수 있도록 진화를 거듭했다.

물론 창업 초기에는 매장 전화로만 주문을 할 수 있는 동네 음식점들을 가입시키는 데 많은 애를 먹기도 했다. 이에 배달의 민족은 가맹 매장을 늘리기 위해 골목마다 돌아다니며 배달 오토바이가 있는 매장을 직접 찾아 점주들에게 사업 취지를 설명하는 초기 전략을 사용했다.

처음에는 수없이 거절을 당했을 테고 그만큼 이 사업의 성공 가능성을 확신하기 어려웠겠지만, 사업의 미래 성장 가능성을 믿고 끈기 있게 밀어붙였다. 그렇게 모든 문제를 이겨낸 지금, 배달의 민족은 너도나도 이용하는 '국민 어플리케이션'이 되었다.

성장지향형 완벽주의자는 미리 위험 요소를 내다보지만, 그럼에도 뜻이 있는 곳으로 간다.

성장지향형 완벽주의자는 '배달의 민족'이 성장했던 것과 비슷한 경로로 온갖 문제들을 이겨내며 성공 경험을 쌓아왔을 것이다. 오랜 경험을 통해 어느 정도 실력이 쌓여 있는 사람들이기 때문에 누구보다 낙천적이며, 현재의 문제를 직시할 줄 아는 현실주의자이다.

이들은 "나는 잘 될 사람"이라고 자신하지만, 이는 결코 근거 없는 자신감이 아니다. 실제로 이들은 모자란 부분에 얽매여 주저하기보다, 부족한 점은 빨리 보완하고 어떤 지점에서 더 나아질 여지가 있는지를 세심하게 찾아낸다. 아울러 성취를 이루어낸다면 누리게 될 뿌듯함과 여러 현실적인 혜택들을 기대하기 때문에 노력하는 과정에서 쉽게 지치거나 포기하지 않는 것이 이들이 지닌 가장 큰 강점이다.

믿을 만한 세상, 높은 자존감

부모가 자녀를 대할 때 잘해낸 일을 칭찬하고 명백히 잘못한 일을 꾸짖는 공정한 자세를 견지하면, 자녀는 세상에 대한 믿음과 높은 자존감을 바탕으로 두려움 없이 성취를 향해 움직이는 성향을 발달시킬 가능성이 크다. 성장추구형 완벽주의자는 어린 시절에 이런 부모 아래서 성장했을 가능성이 있다. 이들은 인정추구형과 비슷한 부분이 있지만, '타인과 세상에 대한 신뢰'의 정도에서 결정적인 차이를 보인다. 인간의 마음속에는 일종의 '기본 가정'이 있다. 기본 가정은 '세상은 믿을 만한 곳이다'처럼 사실 여부와 상관없이 한 개인이 당연한 것으로 받아들이고 있는 생각을 말한다. 특히 사람들은 타인에 대한 자기 나름의 인상을 가지고 있다. 말로 정확하게 표현하지는 못해도 '세상에 믿을 사람 하나도 없다'라든지, '가족만큼은 내 편이다'처럼 사람에 대한 신뢰의 관점을 제각각 가지고 있다. 심리학에서는 이를 두고 '대상 표상object representation'이라고 한다.

어린 시절의 경험은 사람에 대한 관점을 형성하는 데 영향을 준다. 한 개인이 맺는 최초의 인간관계가 바로 부모(주 양육자)와의 관계이다. 아이는 부모와의 관계를 통해 '타인에 대해 이렇게 생각하면 되겠구나' 하는 관점을 형성한다. 아이는 자신이 원할 때마다 부모로부터 언제든 도움을 받을 수 있다는 것을 알게 되면 '사람들은 신뢰할 만하다'와 같은 표상을 갖게 된다. 반면 부모가 온탕과 냉탕을 오가는 변덕스러운 태도를 보이거나, 냉담한 태도로 아이에게 등을 돌리면 '세상은 무서운 곳, 사람들은 날싫어해'와 같은 부정적인 표상을 갖게 된다.

성장지향형 완벽주의자는 긍정적인 표상을 바탕으로, 남들이 자신을 긍정적으로 바라볼 것이라는 희망적인 가정을 지니고 있다. 덕분에 낯선 집단에 끼어들어 어울려야 할 때도 주눅 들지 않는다. 또한 상대방에게 무조건 맞춰주지 않아도 호감을 얻고 긍정적인 관계를 맺을 수 있다는 높은 자존감도 가지고 있다.

성장지향형 완벽주의자가 어린 시절 걸음마를 배울 때
부모는 느리더라도 아이 스스로 일어설 때까지
격려하며 지켜봤을 것이다.
성공했을 때 충분히 보상하지만
실패를 해도 비난하거나 무시하지 않았을 것이다.

사회심리학자 제프 그린버그Jeff Greenberg와 동료들이 발표한 논문 〈자기와 사회적 행동에 대한 이중 동기의 심층 심리학을 향하여〉에 등장하는 불안 관리 이론anxiety management theory에 의하면 자존감에는 '자기보호 기능'이 있다고 한다.[63] 인간은 자기self를 유지하고(자기-유지 동기), 자신을 긍정적으로 여기려는 욕구(자기-고양 동기)를 둘 다 가지고 있다. 그래서 이러한 욕구에 반하는 위협을 상대방으로부터 느꼈을 때(가령 고백했다가 차였을 때), 좌절감을 준 타인의 태도나 사건으로 인해 자기 가치감이 심각하게 훼손되지 않도록 자존감이 나서서 방어해준다.

이런 차원에서 성장지향형 완벽주의자가 자존감이 높다는 것은 심리적 타격으로부터 자신을 지켜내는 회복 탄력성이 높다는 뜻으로 봐도 무방하다. 이런 높은 자존감 덕분에 성장지향형인 사람은 그 어떤 상황에서도 낙천적이고 밝은 모습을 유지할 수 있는 것이다.

돋보이는 유연성

성장지향형 완벽주의자들은 향상목표를 추구하며 시행착오를 감수하고 도전해 성공을 거둔 경험이 많기 때문에, 실수하거나 돌발 상황이 발생해도 '멘탈이 붕괴되는' 일이 없다. 설사 시행착오로 인해 심각한 실패 상황에 직면했다 하더라도, 스스로 지금의 시행착오를 통해 더 나아진 자신이 될 거라는 믿음을 갖고 있는 데다 과정을 중시하기 때문에 타격을 덜 받는 것이다. 같은 이유로, 과감한 포기 또한 가능하다. 포기와 실패에 큰 의미를 부여하지 않고 높은 자기 가치감을 유지하는 덕에, 모든 상황을 긍정적으로 해석하는 사람들이다. 한마디로 어떤 일에 쏟아 부은 시간을 아까워하며 스스로를 자책하거나 실패 앞에서 무기력해지기보다는, 더 나은 자신이 되기 위해 노력하며 스스로에 대한 믿음과 사랑이 강한 유형이라고 볼 수 있다.

성장지향형 완벽주의자들은 실수나 손실을 유연하게
받아들인다.

그렇다면 이들은 대인관계에 대해서는 어떤 관점을 가지고 있을까? 성장지향형은 서로 다른 사람들이 어울려 살아갈 때 갈등과 오해가 발생하는 것은 자연스러운 현상이라고 생각한다. 타인과의 의견 다툼을 언제나 '있을 수 있는 자연스러운 일'로 생각하기 때문에, 누군가가 실망스러운 행동을 해도 어떻게 네가 나한테 이럴 수 있냐며 격노하지 않는 편이다. 즉, '갈등주의 관점'을 가지고 있다고 볼 수 있다.

이런 이유로 누군가와 갈등 상황에 놓여 있더라도 크게 스트레스받기보다는 상대방도 나와 관계를 잘 풀기를 바랄 것이라는 긍정적인 표상을 기반으로 화해를 시도하거나 심리적인 균열을 회복한다. 이때 다른 완벽주의자 유형과 차별화되는 특징은, 상대에게 과도하게 굽실대거나 상대방의 입장을 모두 이해하는 척하며 문제를 해결하려 들지 않는다는 사실이다. 이들은 합리적인 선에서 상대와 나의 입장을 공평하게 확인하고, 서로 맞지 않는 부분은 맞지 않는다고 인정하면서 관계를 이어나가고자 한다. 높은 자존감이 드러나는 지점이라 할 수 있다.

집단주의 한국 사회 속 성장지향형 완벽주의자

성장지향형 완벽주의자는 대인관계에서 때로 섬세하지 않은 사람으로 보일 수 있다. 이들은 워낙 낙천적인 데다 사람 사이에는 갈등이 발생할 수밖에 없다고 가정하는 유형이기 때문에 인정추구형 완벽주의자처럼 매사를 신경 쓰며 조심스럽게 타인을 대하지 않는다.

상대방의 장점이나 관계의 긍정적인 측면을 잘 파악하지만, 상대방의 얼굴에 잠깐 스치는 언짢은 표정 같은 모호한 자극에는 주목하지 않고 그냥 지나치기 쉬워서 다른 사람의 감정에는 관심이 없는 사람 혹은 자기중심적인 사람으로 평가받을 수도 있다. 튀는 것보다 조화롭게 스며드는 것을 더 선호하는 한국 사회에서 때로 이들의 저돌적인 성격은 자칫 부담스러운 스타일로 받아들여질 수도 있다.

따라서 성장지향형 완벽주의자에게는 의도적으로 섬세함을 발휘하려는 노력이 조금 필요하다. 아무리 적절하고 멋진 의견이라도 너무 강하게 주장하면 독선으로 받아들여질 수 있다는 점을 늘 염두에 두는 것이 좋다. 또한 성장지향형이 거두는 높은 성취를 내심 질투하는 이가 같은 조직 내에 존재할 수 있기 때문에, 전략적인 입장 바꾸기와 겸손까지 갖춘다면 관계마저도 매끄럽게 이어가는 진짜 완벽한 유형이 될 수 있을 것이다.

더불어, 안전지향형 완벽주의자의 '방어적 비관론'이 때로 성장지향형에게도 도움이 될 수 있다는 것을 기억하면 좋을 것이다. 다시 말해 완급 조절을 할 수 있는 상황 판단 능력을 기른다면 금상첨화일 것이다. 높은 성취를 이룩해야 할 때와 위험에 대비해야 할 때를 구분하고, 낙관주의와 방어적 비관론을 때에 맞게 전략적으로 사용할 줄 안다면 실패하는 일이 더욱더 줄어들 것이다.

일반적인 성장지향형 완벽주의자라면 자신이 속한 프로젝트 팀의 팀원들이 모여 다가올 발표를 대비해 실수방지 전략을 짜는 일에서 지루함을 느낄 수 있다. 이때 지루하다는 마음을 그대로 표출하지 말고, 의도적인 섬세함을 발휘하여 상사의 비난 혹은 저평가를 피하고 싶은 타 팀원들의 사정에 공감해본다면 능력만큼이나 타인의 마음도 배려하는 좋은 리더, 좋은 상사로 성장할 수 있을 것이다.

Keyword

#높은 자존감 #성장 과정을 중요시 #돌파력
#결정은 과감히 #좀 다툴 수도 있지

제 4 장

더 멋진 완벽주의자로의
변신

변화와 성장을 위한
실천 가이드

변화를 위한
최소한의 준비

...

지금까지 우리는 네 가지 유형의 완벽주의자들(인정추구형, 막판스퍼트형, 안전지향형, 성장지향형)과 그들의 특징에 대해 알아보았다. 당신은 어떤 완벽주의자에 속하는가? 이제 자신과 주변 사람들이 어떤 유형인지 대략 감을 잡았을 것이다. 그리고 잘 알겠지만 이 네 가지 유형 모두에는 각각 강점과 약점이 존재한다.

그 누구도 완벽한 사람은 없다.

예를 들어, 성장지향형 완벽주의자는 일을 미루지 않고 진행하며 어떤 목표가 생겼을 때 깊게 몰입하는 능력이 뛰어나다. 그 덕에 성장지향형인 사람들은 다른 유형에 비해 성공 경험을 더 많이 갖고 있다. 또한 매사에 에너지가 넘치고 목표 의식이 분명한 것도 이들의 강점이다. 아울러 자신이 이룬 성과들을 자랑스러워한다.

하지만 때로 자신의 성취에 집중하다 보면 자신과 다른 모습을 보이는 주위 사람들을 잘 이해하지 못해 실수를 저지르기도 한다. 일례로 다이어트를 선언한 룸메이트에게 "아니, 다이어트 한다면서 무슨 먹을거리를 그렇게 많이 샀어. 고구마 한 박스, 토마토 한 박스, 게다가 냉동실에는 닭가슴살이 한가득 들어 있던데. 살 빼는 건 아주 단순한 일 아닌가? 먹은 것보다 더 많이 움직이기만 하면 되는 거잖아? 난 도무지 이해를 못 하겠네"처럼 상대에게 상처가 되는 말을 쉽게 내뱉기도 한다. 한마디로 "이게 안 되나? 왜 저러지? 나 같으면……" 같은 말을 할 때가 많은 것이다. 그러면 상대방도 이런 가시 돋친 말로 항변할지 모른다. "내가 너냐? 그냥 내버려 둬, 난 이렇게 살 거니까. 네 앞가림이나 잘하세요." 이렇게 성장지향형 완벽주의자는 나에게는 쉬운 일이 타인에게는 어려울 수도 있다는 사실을 잘 이해하지 못하는 경우가 있다. 그래서 때로 주변 사람들 마음을 잘 모르고 자기 일에만 몰두한다는 비판을 받기도 한다.

한편, '막판스퍼트형 완벽주의자'들은 가능하면 실수를 줄이려고 하고 다른 사람들의 눈에 어떻게 보일까를 고려하는 경향 덕에 신중하게 행동한다는 강점이 있다. 일이 진행되고 나서 나중에 후회하는 것보다는 먼저 생각을 많이 해보는 것이 분명히 도움이 될 때가 있다. 하지만 하나를 얻으면 다른 하나는 내려놓아야 하는 일종의 '트레이드-오프trade-off'를 피하기 어렵다. 신중하게 생각하려다 보니 막상 행동으로 옮기는 데까지 시간이 많이 걸리고 그 부작용으로 마감 기한을 넘기는 경우가 잦아지는 것이다. 그렇다면 네 가지 유형의 완벽주의자들 모두가 좀 더 멋지고 '탁월한' 완벽주의자가 되기 위해서는 어떤 변화를 시도해보아야 할까? 성장과 더불어 긍정적인 변화를 꾀하기 위해서 어떤 구체적인 노력을 하면 좋을까? 이것이 바로 제4장의 주제이다. 변화의 방향은 단순하다. 강점은 극대화하고 약점은 최소화하는 것이다.

나의 완벽주의 일대기 써보기

어떤 문제에 부딪혔을 때 그 문제의 해결 방법을 쉽사리 찾기 어렵다면, 시간을 거슬러 찬찬히 되돌아보는 것이 효과적이다. 지금까지 우리는 완벽주의의 여러 학문적이고 실질적인 근거와 데이터를 통해 완벽주의가 무엇을 의미하고 그 안에 어떤 긍정적이고 부정적인 측면이 담겨 있는지를 상세히 살펴보았다. 아울러 완벽주의를 진단해보는 질문지를 통해 자신의 완벽주의 수준과 네 가지 완벽주의자 유형에 대해서도 살펴보았다. 따라서 이제부터는 변화의 방향을 설정하기 위한 해결책을 만들어가야 할 때다.

변화의 길에 들어서기 전에 먼저 과거의 삶을 되돌아보는 시간을 가지면 좋겠다. 이는 반성이 선행되어야 한다는 뜻이 아니라, 좀 더 확실한 변화를 이끌어내기 위해서는 먼저 지금까지 당신이 어떤 삶을 살아왔는지 곰곰이 생각해보는 것이 여러모로 큰 도움이 될 것이기에 제안하는 것이다.

기억할 수 있는 가장 어린 시절부터 최근까지, 당신의 완벽주의 발달에 영향을 준 '구체적인 순간들을' 시간순으로 기록해보자(228페이지의 '나의 완벽주의 일대기' 작성 예시 참조). 어린 시절엔 주로 부모님과 관련된 기억일 가능성이 크다. 수평선을 기준으로 위쪽엔 긍정 정서를 유발한 기억들을, 아래쪽엔 부정 정서를 유발한 기억을 적는다. 만약 어떤 사건 덕분에 매우 강화된 긍정 정서를 느꼈다면 더 '높이' 배치한다. 마찬가지로 매우 심각한 부정 정서를 느꼈다면 더 '아래'로 배치해보자. 떠오르는 기억들을 모두 적어보고, 이 중에 '현재의 완벽주의적인 나를 만든 데 가장 결정적인 영향을 미친 순간'이라고 생각되는 부분에 동그라미 표시를 해보자. 아마도 꽤 강렬한 기억일 가능성이 크다. 생각만 해도 미소가 번지는 행복한 기억일 수도 있고, 상상만 해도 온몸이 뜨거워지는 불쾌한 기억일 수도 있다. 표시한 순간 중 가장 오래된 기억부터 시작해서 당시를 가능한 생생하게 떠올려보라. 외부에서 던진 어떤 조건적인 말(if, then)이 기억난다면, 그 말이 무엇이었는지도 구체적으로 적어보자.

일대기가 완성되었다면 이제부터는 상상력을 발휘할 때다. 과거 그 순간으로 되돌아갈 수 있다면 당시의 내게 어떤 '응원의 말'을 해줄 수 있을지 생각해보자. '응원의 말'이므로 긍정 정서보다는 부정 정서에 더욱 어울릴 수도 있겠다. 어쨌든 이 말은 조건적이어서는 안 된다. 무조건 '기를 살려주는 말'이어야 한다. 구체적인 문장의 형태로 적어보자. 가장 어린 나에게 전하는 말부터 시작해서 최근까지 반복해보기를 바란다.

'나의 완벽주의 일대기'를 써보는 것은 과거의 자신과 마주하며, 완벽주의의 강화에 크게 기여한 것이 무엇인지 그 지점을 명확히 파악하는 데 효과적이다. 반복되는 칭찬이든 혹독한 비판이든, 그것이 내 삶과 심리적 경향성에 큰 영향을 미쳤다는 사실을 깨닫게 되는 순간, 나에게 가장 필요한 변화의 방향을 알게 될 것이다.

'나의 완벽주의 일대기' 작성 예시

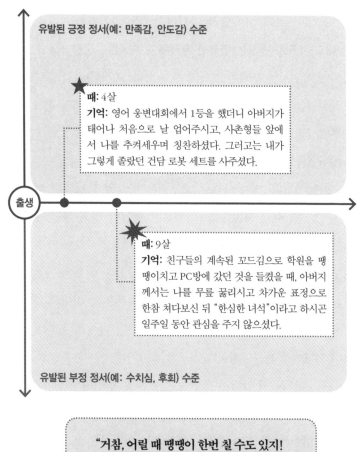

변화의 의미와 '나의 선언문'

우리가 이 시점에서 한 가지 진지하게 생각해봐야 할 것은 '변화change'를 어떻게 정의할 것인가 하는 것이다. 흔히 사람들은 변화를 떠올릴 때 '변혁'이라고 부를 만큼 질적으로 완전히 달라지는 것을 떠올리기 쉽다. 쉽게 말해, 많은 사람들은 '변화' 하면 A라는 상태를 전혀 다른 B라는 상태로 바꾸는 것, 즉 완전한 대체replacement를 생각하는 경향이 있다. 하지만 오랫동안 익숙했던 모습을 버리고 완전히 새로운 모습으로 바뀌는 것은 극도로 어려운 일이다. 과거의 자신과 완전히 결별하는 일은 웬만한 사람은 이루어내기 어렵다. 그렇다면 변화를 어떻게 정의하면 좋을까?

이 책에서 필자들이 제안하는 바람직하고 실제적인 변화는 '완전한 대체'가 아니라 기존의 것을 그대로 두면서도 새로운 내용을 추가addition하는 것을 가리킨다. 즉, A를 B로 완전히 탈바꿈하는 것이 아니라 A를 유지하되 거기에 새로운 옵션인 A1, A2, A3……을 추가로 장착하는 것이다. 이처럼 여러 가지 옵션을 추가하게 되면 다양하고도 점진적인 방법으로 변화를 추진할 수 있는 여력이 생긴다는 점을 기억하자.

변화는 A를 B로 완전히 대체하는 것이 아니라
새로운 것(A1, A2, A3…)을 추가하는 것이다.

이러한 변화의 여정을 시작하기 전에 먼저 아래의 예시를 참고해서 다짐의 말을 담은 '나의 변화 선언문'을 작성해보자.

아래와 같이 '나의 변화 선언문'을 작성해보는 일은 네 가지 완벽주의자 유형 모두가 변화에 대한 자신의 마음가짐을 다시한번 확인하고, 어떤 방향으로 어떻게 변화할 것인가를 마음속에 구상해보는 좋은 기회가 될 것이다.

'나의 변화 선언문' 작성 예시

"재결단의 시간이 왔다!"

나는 더 이상 내 안의 완벽주의로 인한 지나친 걱정의 독에 사로잡히지 않을 것이다. 나의 완벽주의는 잘해내고, 더욱 멋진 사람이 되고 싶은 순수한 마음에서 비롯된 것임을 이해한다. 내게 주어진 완벽주의라는 선물을 적절히 활용하고, 더욱 자유롭게 살아가기 위해 변화에 도전할 준비가 되었다. 나는 바로 지금 이 자리에서 새로운 변화에 도전할 것을 선언한다.

매우 쉽고 사소하게 느껴질 수도 있는 간단한 방법이지만, 직접 글로 적어보려고 하면 생각처럼 쉽지 않을 수도 있다. 그 이유는 머릿속으로 생각하는 것보다 글로 쓰는 것이 훨씬 더 큰 무게감을 갖게 되기 때문이다. 최대한 진솔하게 '변화 선언문'을 써보고 이를 틈나는 대로 꺼내 읽어보며 상기한다면 분명 원하는 변화의 방향으로 성큼 다가갈 수 있을 것이다.

이제 그 변화를 위해 각 유형에 알맞은 실천 방안들을 구체적으로 살펴보도록 하자.

타인보다 내 마음에 집중, 인정추구형

...

누군가로부터 인정받는다는 것은 생각만 해도 달콤하다. 당신은 그간 중요한 사람들(부모, 친구, 상사 등)의 인정과 칭찬을 받기 위해 열심히 노력해왔다. 때로 힘들어도 그들을 기쁘게 할 수 있다면 괜찮았고, 또 그들의 기대를 저버리지 않기 위해서 스스로를 독려해왔다.

"참관 수업에 가보면 너만 또랑또랑한 눈으로 수업에 집중하더라. 다른 아이들은 딴짓을 하고 있는데 말이야. 너무 기특했어." "넌 우리 집의 자랑이야. 다음에도 꼭 1등 해야 한다. 이 엄마는 너를 굳게 믿는다." "다른 사람은 몰라도 넌 나를 실망시키지 마라." "어쩜 그렇게 말을 조리 있게 잘하세요?" 이처럼 달콤한 칭찬들, 그리고 때로 부담스러운 기대의 말들을 참 많이도 들어왔다.

문제는 타인의 인정과 칭찬을 받는 데 '양면성'이 존재한다는 것이다. 한쪽에는 칭찬을 받을 때마다 내가 잘하고 있다는 달콤한 피드백을 받을 수 있다는 것, 반대쪽에는 잘못하면 누군가의 기대를 충족시키지 못할 거라는 두려움이 공존한다. 처음엔 인정받는 것 자체가 기뻐서 열심히 노력했고 그럴수록 더 많은 인정과 칭찬이 보상으로 주어져서 좋았다.

그런데 '칭찬 효용 한계의 법칙'이던가, 점점 웬만큼 잘해서는 이전에 받았던 황홀한 칭찬을 듣기가 더 어렵게 느껴진다. 어느 순간 칭찬이 주는 기쁨의 크기가 한계에 달하게 되면, 이러다가 사람들을 실망시킬지도 모른다는 불안감이 자라게 된다. 걱정은 현실이 되는 법, 본의 아니게 실수를 했을 때 직면하게 된 사람들의 냉담한 표정을 마주하고 '너한테 정말 실망했어' 같은 말을 듣게 되면, 마치 한겨울에 맨손으로 얼음을 깰 때 느껴지는 것 같은 서늘하고 날카로운 상처가 마음속에 남게 된다.

사실은 자신이 그렇게 뛰어난 사람이 아니라는 사실을 다른 사람들에게 들킨 것 같다는 생각이 들면 한없이 수치스럽고 불안한 마음이 머릿속을 가득 채우게 되는 것이다. 요컨대 인정추구형 완벽주의자들이 느끼는 기쁨의 이면에는 언젠가 나의 능력에 대한 부정적인 평가를 받을지도 모른다는 불안이 드리워져 있다.

긍정적인 변화를 원한다면, 먼저 타인으로부터 인정과 칭찬을 받고 싶어 하는 스스로의 마음에 대해 차분히 생각해보자. 사람은 누구나 괜찮은 사람이기를 원하며 그 증거를 타인의 피드백에서 찾는 것은 자연스러운 욕구이니 크게 걱정할 필요는 없다. 다만, 오직 타인의 인정을 통해서만 자신의 가치를 확인하고자 하는 것은, 내가 누구인가라는 중요한 질문에 대한 답을 아직 찾지 못했다는 증거일 수 있다.

새로운 계절을 맞아 '자유종목'을 기쁘게 연기하라

'나는 누구인가'라는 명확한 자아정체감identity을 확립하기 전 단계에 있는 사람은, 자신에게 중요한 주변 사람들의 평가를 통해 내가 괜찮은 사람인지 아닌지를 판단하게 된다. 타인의 평가와 피드백은 그 사람의 자존감을 좌우하는 매우 중요한 요소가 된다. 그러나 누군가의 인정과 칭찬을 간절히 원하면서 주변 사람들을 기쁘게 하려고 혹은 그들을 실망시키지 않으려고 가꾼 모습은 그 사람의 진정한 가치감을 형성하는 데 실질적인 영향을 미치지 못한다.

　요컨대 이 단계에 머물러 있는 동안에는 타인의 인정과 칭찬이 절대적으로 필요하다. 마치 겨울에 추위를 막기 위해 두꺼운 외투를 입는 것이 당연한 것처럼 말이다. 내가 어떤 사람인가에 대한 확인을 다른 사람이 내게 보내는 반응을 통해서만 할 수 있기 때문이다.

　누구에게나 인생의 계절이 바뀌는 시기가 온다. 겨울을 나는 데 필요했던 외투가 아무리 멋져도 무더운 여름에는 장롱 속에 넣어두어야 한다. 여름에 외투를 입었다가는 열사병에 걸리고 말 것이다. 계절이 바뀌면 살아가는 데 필요한 물건이 바뀌듯이, 타인의 칭찬과 인정이라는 요소가 절대적이었던 계절을 벗어나 스스로 자기 가치감을 만들어가야 하는 계절이 되었다는 것을 인식해야 한다.

　이제 계절이 바뀌었다.

　피겨스케이팅 경기를 본 적이 있는가? 김연아 선수가 세계를 재패했던 싱글 경기와 남녀 선수가 한 팀을 이뤄 연기하는 페어 경기는 쇼트프로그램과 프리스케이팅의 두 부문 점수를 합산해 우열을 가리는 방식으로 치러진다. 전반부에 치러지는 쇼트프로그램은 규정된 일고여덟 가지 기술을 포함해 안무를 구성한 후 한정된 시간 내에 연기를 마쳐야 한다. 반면 후반부에 치러지는 프리스케이팅은 말 그대로 규정에 얽매이지 않고 자신이 준비한 안무로 자유롭게 연기를 펼치는 방식으로 점수가 매겨진다. 다시 말해, 쇼트프로그램이 '규정종목' 시간이라면 프리스케이팅은 '자유종목' 시간이다.

이제 당신의 전반부 '규정종목' 연기는 끝났다. 부모님과 주변 사람들의 인정과 칭찬이 나를 성장시켰던 때가 지나가고 이제 후반부인 '자유종목' 시간이 온 것이다. 어떤 책의 제목처럼 이제 '그 누구의 인정도 아닌' 나 스스로 인정할 수 있는 나만의 모습을 만들어가야 할 때가 온 것이다.

인정추구형 완벽주의자들에게 필요한 변화는 이러한 주변인의 평가로부터 분리 개별화되는 과정과 맞닿아 있다. 이 새로운 계절에 중요한 키워드는 내가 좋아하는 것 그리고 잘하는 것, 즉 '내게 가치 있는 것'을 알고 있는가 하는 것이다.

나에게 가치 있는 것을 찾아보기

나에게 가치 있는 것들을 찾아보기 위해서는 먼저 노트 한 권이 필요하다. 새 노트를 열어 다음의 두 가지 사항을 진지하게 적어보자. 첫 번째는 내가 좋아하는 것들을, 두 번째는 내가 잘하는 것(강점)과 내가 더 발전시키면 좋을 것(약점)을 적어보는 것이다.

① 내가 '좋아하는 것'을 구체적으로 정리해보기

좋아하는 것을 정리할 때 반드시 기억해야 할 지점은 다음의 세 가지다.

첫째, 가능한 구체적으로 적는다. 예를 들어 '나는 햇살 가득한 날을 좋아한다'처럼 두루뭉술하게 적는 것이 아니라 '나는 오후 2시경 한강공원 ○○ 앞에 있는 평상에 앉아 왼쪽 45도 각도로 보이는 나무에 걸려 반짝거리는 햇살을 좋아한다'처럼 말이다.

또한 '나는 클래식 음악을 좋아한다'와 같이 간단히 적기보다는 '나는 미샤 마이스키가 연주하는 바흐의 무반주 첼로곡 1악장을 듣는 것을 (혹은 연주하는 것을) 좋아한다'처럼 구체적이고 상세하게 적어야 한다. 그 내용이 나만의 사적인 것일수록 또 구체적인 것일수록 '진짜 내 모습'이 진하게 투영될 수 있고 그것이 나를 더 잘 이해할 수 있게 해준다는 사실을 기억하자.

둘째, 생각나는 대로 순서에 얽매이지 않고 적는 것이 좋다. 처음에 좋아하는 음악에 대해 적었다고 해서 계속 음악과 관련된 내용만을 적을 필요는 없다. 생각나는 대로, 분야와 종류에 상관없이 자유롭게 적어보자.

셋째, 내가 좋아하는 것들을 다 적은 후 비슷한 내용, 혹은 서로 관련되는 내용들을 묶어보고 각 범주마다 이름을 붙여보는 것이다. 가령 '휴식할 수 있는 공간에 관한 것' '정서적 안정감을 주는 타인과의 교류'와 같이 분류해보자.

그러고 나면 각 범주의 이름을 살펴보는 것만으로도, 내가 살면서 중요하게 생각하고 좋아하는 가치가 무엇인지를 한눈에 파악할 수 있을 것이다. 이렇게 정리된 것들을 더 많이 실현할수록 인생은 더욱더 행복해질 테니, 어쩌면 더 나은 삶을 위한 실행 리스트가 정리된 것이라 볼 수도 있겠다.

범주화해서 이름 붙이는 작업을 끝낸 후에는 시간과 공간적인 제약을 감안했을 때 내가 일상 속에서 손쉽게, 더 자주 실천할 수 있는 범주를 위주로 우선순위를 매겨보고 가능한 많이 실천해보도록 노력하자. 그리고 이 과정에서 느낀 점, 혹은 새롭게 알게 된 점을 노트에 적어보자. 239~241페이지의 예시를 참고하면 작성에 도움이 될 것이다.

'줄글 형' 작성 예시

※ 좋아하는 것을 자유롭게 적고 범주화해 이름을 붙여보자.

내가 좋아하는 것들

1. 나는 고교동창들과의 만남에서 옛날 사진을 꺼내보며 깔깔 웃게 되는 순간을 좋아한다. ●

2. 나는 해외 여행지에서 유명 관광지가 아닌, '현지인 맛집'을 우연히 발견하게 되는 순간을 좋아한다. ★

3. 나는 회의 중 동기와 눈이 마주쳤을 때, '정말 지루하지 않아?' 하는 표정을 주고받는 걸 좋아한다. ●

4. 나는 전혀 예상치 못한 곳에서 우연히 오래전 알고 지냈던 지인과 마주치게 되는 순간을 좋아한다. ●

5. 나는 이른 오후 을지로3가의 '몽블랑달콤' 카페에서 디저트와 아메리카노 커피를 마시는 걸 좋아한다. ●■

6. 나는 정시 퇴근하고 집으로 돌아오는 버스 안에서 방탄소년단의 노래를 듣는 걸 좋아한다. ●▲

7. 나는 어디 가서 뽐낼 수준은 못 되지만, 걸그룹의 신곡댄스를 따라 추는 걸 좋아한다. ●

8. 나는 친구들과의 단체 카톡방에 귀여운 고양이와 너구리 사진을 공유하는 걸 좋아한다. ●

9. 나는 서점에서 새로 나온 패션잡지 부록 상품을 구경하는 걸 좋아한다. ●■

10. 나는 북유럽국가로 최소 2주 이상의 느긋한 여행을 떠나는 걸 좋아한다. ★

11. 나는 여행지에서 낯선 사람과 '스몰톡small talk'을 나누게 되는 순간을 좋아한다. ★

12. 나는 긴 업무 이메일 작성을 마치고 '전송' 버튼을 누르는 순간을 좋아한다. ▲

● 사적 취미

■ 사색의 시간

● 타인과의 공감적 소통 및 교류

★ 여행

▲ 일과 관련된 성취감 음미

평소 일상에서 실천 및 추구 가능한 활동 순위

1 사색의 시간

2 사적 취미

3 일과 관련된 성취감 음미 /타인과의 공감적 소통 및 교류

5 여행

'아이콘형' 작성 예시

※ 그림을 잘 그린다면 직접 그려보거나 마음에 드는 스티커를 붙여 꾸
며보는 것도 좋은 방법이다.

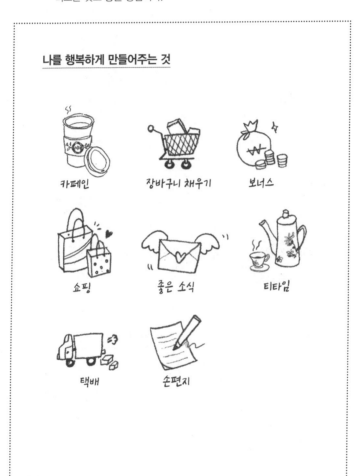

나를 행복하게 만들어주는 것

카페인   장바구니 채우기   보너스

쇼핑   좋은 소식   티타임

택배   손편지

② 이미 잘하는 것과 앞으로 발전시키면 좋을 것 적어보기

강점을 가리키는 '이미 잘하는 것'과 약점을 가리키는 '앞으로 발전시키면 좋을 것'을 적을 때는 한눈에 보이도록 적는 것이 좋다. 그래야 내가 생각하는 '나의 모습'과 '나의 강약점'을 쉽게 파악하고 비교해볼 수 있기 때문이다. 따라서 노트 중앙에 세로줄을 그어서 왼쪽에는 잘하는 것을, 오른쪽에는 앞으로 더 발전시키면 좋을 것을 적도록 한다. 앞서 나왔던 내가 '좋아하는 것'을 적을 때와 마찬가지로 나에게 의미 있는 내용을 구체적으로 적는 것이 중요하다.

이 작업을 할 때 가장 중요한 부분은 강점과 약점을 적을 때 그 비율을 다르게 적어보는 것이다. 흔히 사람들은 약점은 빨리 그리고 많이 생각해내지만, 강점은 쉽게 생각해내기 어려워하는 경우가 많다. 필자들의 제안은 약점을 한 개 적으면 강점은 두 개 이상 적는 것이다. 즉, 강점과 약점의 비율이 최소한 2:1이 되도록 적는 것이 중요하다. 또한 강점과 약점을 적을 때 다른 사람들이 나에 대해 어떻게 이야기하는가 혹은 사회적으로 어떤 모습이 더 바람직한가보다, 내가 생각하는 나의 모습이 어떠한가를 중심으로 적는 것이 매우 중요하다. 이 작업에서 중요한 것은 다른 사람 그 누구도 아닌 당신 자신의 이야기가 중심이 되어야 한다는 것임을 기억하자.

앞선 실습과 마찬가지로 떠오르는 대로 적는 것이 중요하다. 강점과 약점 적기가 끝나면 유사한 것끼리 묶어 이름을 붙여보고, 그 과정에서 어떤 점을 느끼고 새롭게 알게 되었는지를 적어보도록 하자. 아울러 지금 자신이 하고 있는 일에 자신이 적은 강점을 어떻게 구체적으로 활용해볼 수 있는지도 생각해보는 시간을 갖기 바란다.

244~245페이지에 위의 내용과 관련된 예시가 실려 있으니 참고해보자.

내가 이미 잘하는 것과 앞으로 발전시키면 좋을 것

이미 잘하고 있는 것(예시)

1. 나는 복잡한 일이 주어졌을 때 가장 먼저 처리해야 하는 일이 무엇인지 빠르게 파악할 수 있다.

2. 나는 늦잠을 잤을 때에도 지각하지 않도록 빠르게 출근 준비를 마칠 수 있다.

3. 나는 타부서 사원들과 의견충돌이 있을 때 언성을 높이지 않고 차분하게 입장을 설명할 수 있다.

4. 나는 초행길일 때에도 휴대폰 지도 앱만 있으면 빠르게 목적지를 찾아갈 수 있다. 심지어 외국에서도!

5. 나는 길거리에서 낯선 사람이 말을 걸어올 때 순수하게 길을 묻는 것인지, 요상한 종교나 사업의 홍보를 하려는 것인지 거의 한눈에 파악할 수 있다.

6. 나는 한번 취미를 붙인 활동(볼링, 손뜨개)에 최소 3개월 이상 개인 시간을 투자하여 몰입할 수 있다.

> <u>정리</u> 1, 2 우선순위를 파악하는 능력, 순발력
> 3, 5 타인의 니즈와 의도를 읽는 통찰력
> 4   주변 정보(예: 지형) 활용 능력, 공간감각
> 6   끈기

앞으로 발전시키면 좋을 것(예시)

1. 나는 일에 있어서 뒷심이 약한 편이라, 1년 이상 지속되는 장기 프로젝트를 할 땐 쉽게 열정을 잃는다.

2. 나는 낯선 사람에게는 안 그런데, 친한 친구에게는 배려 없이 (좋게 말하면 편하게, 나쁘게 말하면 함부로) 행동하는 구석이 있다.

3. 나는 누군가 갑작스럽게 부탁을 했을 때 거절하기 어려워서 일단 수락하지만, 막상 부탁받은 일을 해야 할 때가 오면 미루는 면이 있다

정리	1	일에서 성취감을 느낄 수 있는 순간이 지연될 때 끈기 부족
	2, 3	타인과의 관계에서 부정적 평판이 생길 것에 대한 염려

작성 후 느낀 점(예시):

나는 개인적 취미활동에 있어서는 끈기를 발휘할 수 있는 반면, 일에 있어서는 '목표매출 달성'처럼 단기간 내에 성취감을 느낄 수 없는 경우에는 끈기를 유지하기 어려운 것 같다. 또, 친한 친구에게는 기분에 따라 조금 함부로 행동해도 날 이해해줄 것이라는 믿음이 있어 신경을 덜 쓰는 반면, 낯선 사람과의 관계에서는 행동 한 번 잘못했다가 나쁜 평판을 얻게 될까 봐 달갑지 않은 요청마저도 섣불리 수락하곤 했던 것 같다.

강점 활용방안(예시):

내게는 업무 초반에 우선순위를 순발력 있게 파악하고 주어진 정보를 최대한 활용할 수 있는 능력이 있기 때문에, 장기 프로젝트에 속해 업무분담을 할 때에는 가능한 초반부의 일을 많이 맡는 게 좋고, 후반부에 끈기가 떨어지면 개인적인 취미활동 등에서 에너지를 보충해 일로 인한 소진을 줄일 수 있을 것 같다. 타인과 소통할 때 그 사람이 원하는 반응이 무엇인지를 빠르게 '캐치'할 수 있는 능력도 있으니, 이 능력을 낯선 관계에서만 사용하지 않고 친한 친구와의 관계에서도 적절히 사용한다면 관계를 좀 더 조화롭게 가꿔나갈 수 있을 것 같다.

인정추구형 완벽주의자에게 가장 필요한 변화는 이 챕터의 제목처럼 '타인보다 내 마음에 집중'하는 것이다. 내면의 목소리에 집중할 때 스스로 중심을 잡고 앞으로 나아가야 할 변화의 방향을 정확하게 인지할 수 있기 때문이다. 당연한 말이겠지만, 스스로에 대한 이해와 굳건한 신뢰가 바탕이 되어 있을 때 타인의 신뢰와 인정 또한 더 깊어지고 오래 지속될 수 있음을 기억하자.

현실적인 시간 감각 키우기,
막판스퍼트형

. . .

막판스퍼트형 완벽주의자들은 할 일을 미루는 경우가 많다. 이들과 이야기해보면 흔히 자신을 '게으른 사람'이라고 생각한다는 답이 돌아온다. 막판스퍼트형들은 지금 시작하지 않으면 나중에 후회하게 될 거라는 사실을 잘 알고 있다. 그러나 빈둥거리면서 이 생각 저 생각에 사로잡혀 시간을 보내고 어느새 마감 시간이 코앞에 닥쳐서야 일을 시작한다는 것이 가장 큰 문제다. 결국 정신없이 일을 하면서 '아휴 좀 더 일찍 시작할 걸……' 하는 후회를 반복한다. 이런 코스를 반복하다 보면 '난 정말 답도 없는 의지박약이야' 같은 자괴감에 빠질 가능성이 크다.

'난 게을러'라는 부정적인 이름표는 이제 그만

왜 스스로에게 '게으른 사람'이라는 부정적인 이름표를 붙이고 있는 것일까? 잠깐 생각해보자. 혹시 '나도 내 문제가 뭔지는 잘 알고 있어'라고 스스로를 안심시키거나, 자기가 게으르다고 미리부터 말하면서 실제로 일을 미루다가 타인으로부터 '넌 참 게을러'라는 말을 들었을 때 받을 충격을 사전에 예방하려는 것은 아닐까? 이유가 무엇이든, 스스로에게 부정적인 이름표 붙이기(자기 비난)를 계속한다면 뒤따라올 결과는 자명하다. 당신은 계속 꾸물거릴 것이고 급격하게 우울해질 것이다. 그리고 깊은 무력감에 빠지게 될 것이다.

제3장에서도 잘 살펴보았지만, 막판스퍼트형은 엄밀히 말해 게으른 사람이 아니다. 정말 게으른 사람이라면 불안과 초조함에 사로잡히지 않는다. 그저 맘 편하게 늑장을 부릴 뿐, 이에 대한 문제의식 자체를 갖지 않기 때문이다. 하지만 당신은 어떤가? 아마도 일을 미루면서 마음속으로는 끝도 없는 불안과 압박감에 괴로울 것이다. 그리고 마감 시간이 다가오면 정신없이 일에 몰두한다. 그런데도 그저 '게으르다'고 스스로를 표현하는 게 적합하다고 할 수 있겠는가?

당신은 게으르다기보다는 오히려 (남들이 기대하는 만큼) 일을 잘 해내지 못할까 봐 '걱정이 많은 사람'이다. 실수 없이 일을 완벽하게 잘 해내야만 한다는 생각이 너무 강하다 보니 선뜻 일을 시작하지 못하고 걱정에 먼저 빠지게 되는 것이다. 따라서 막판 스퍼트형 완벽주의자로서 긍정적인 변화를 원한다면 '난 게으른 사람이야'라는 말은 이제 그만하기로 하자. 대신 이렇게 이야기해보자.

"나는 게으른 사람이 아니야.
그보다는 일을 잘 못 해낼까 봐 걱정이 많은 사람이야."

더 나아가, 이렇게 말해보자.

"난 정말 일을 잘하고 싶어."

현실적인 시간 감각을 키우기 위한 3단계 작성법

막판스퍼트형 완벽주의자들에게는 공통점이 하나 있다. 과제를 맡았을 때 머릿속으로 예상했던 소요 시간과 실제로 그 과제를 마치는 데 소요된 시간 사이에 상당한 괴리가 있다는 것이다.

다시 말해, 과제 수행에 필요한 시간을 예측하는 데 오차가 많다. 오차는 두 가지 부류로 나타난다. 한 가지 부류는 실제 10시간 걸릴 일을 한 2~3시간이면 마칠 수 있다고 쉽게 생각하면서 꾸물거리는 사람들이고(이들을 '비현실적인 낙관주의자'라고 부른다), 또 다른 부류는 반대로 10시간 걸릴 일에 최소한 20~30시간은 필요하다고 생각하는 사람들이다. 이들은 지레 겁을 먹고 부담이 되어서 일 자체를 시작조차 하지 못하는 경우가 많다.

긍정적인 변화를 원한다면 다음의 예시와 같이 3단계로 일을 나누어 생각해보자.

① 3단계 작성법 예시

1단계: 어떤 과제를 완료하는 데 필요한 예상 시간과 실제로 그 과제를 완료하는 데 소요된 시간을 정확히 기록해 보자.

주어진 과제	중간고사 대비를 위해, '심리학개론 上권' 수업교재를 1회 정독하고 챕터별 요점 정리 노트 만들기	
예상 소요 시간: 3일	실제 걸린 시간: 7일	예상-실제 오차: 4일

2단계: 오차가 생긴 이유를 곰곰이 생각하고 노트에 적어보자. 오답노트를 만들어보면, 오차가 발생했던 이유를 더욱더 명확히 파악할 수 있다.

오차가 발생한 이유(오답노트 예시):

심리학개론 교재가 총 250페이지인데, 요점 정리를 해야 하는 마지막 하루를 제외하고 이틀 안에 125페이지씩 '정독'하기는 현실적으로 불가능했다. 현재 나는 18학점을 수강하고 있고 오후에 카페 아르바이트도 해야 하기에, 하루에 정독할 수 있는 최대 분량은 100페이지 이내였던 것 같다. 게다가 전체 분량을 하루 안에 요점 정리하기란 불가능했다. 하루에 몰아서 정리하려하기보다는 각 챕터를 정독한 후 매번 요점 정리를 해두는 편이 훨씬 효율적이었을 것 같다. 또한 하루에 읽은 분량을 당일에 요점 정리하려면 약 80페이지 이내를 정독하는 것을 목표로 설정하는 것이 더 현실적이었을 것 같다.

계획을 너무 타이트하게 잡았더니 정신적으로도 피로해져서 한숨을 내쉬며 중간중간 딴짓을 하고 말았다. 그래서 집중의 질에도 안 좋은 영향을 받았다. 하루에 70~80페이지를 정독한 후 정리하는 것을 목표로, 예기치 못한 일정이 생길 걸 감안해서 약 5일 내에 작업을 완수하는 것을 최종 목표로 했다면 오히려 소요 시간이 더 짧아졌을 수도 있을 것 같다.

3단계: 오차를 줄이려는 의식적인 노력을 하면서 다른 과제를 수행하고 예상 시간과 소요 시간을 비교해보자. 이때 오답노트를 통해 깨달은 바를 염두에 두고 반복하지 않도록 노력해야 한다.

주어진 과제	중간고사 대비를 위해, '심리학개론 上권' 수업교재를 1회 정독하고 챕터별 요점 정리 노트 만들기	
예상 소요 시간: 7일	**실제 걸린 시간:** 9일	**예상–실제 오차:** 2일
느낀 점: 교재를 정독하는 데는 생각보다 더 긴 시간이 걸린다. 중간고사 때 한 번 경험했으니 이번에는 하루 70~80페이지 정도의 목표를 세우고 이틀 정도 여유를 두는 선에서 계획을 세워보자.		

'마음만 먹으면'의 환상을 버려라

막판스퍼트형 완벽주의자들은 흔히 이렇게 말한다. "지금은 내가 이 과제를 안 하고 있지만 마음만 먹으면(혹은 하고 싶은 생각만 들면) 언제든 금세 끝낼 수 있어." 물론 자신감은 좋은 것이다.

그러나 근거 없는 자신감은 위험하다. 도대체 언제가 되면 지체 없이 일을 시작하고 싶다는 생각으로 충만해질 수 있을까? 아마도 그런 날은 쉽게 오지 않을 것이다. 가만히 보면 이들은 어떤 과제를 맡게 되면 일단 부담부터 느낀다. 그래서 부담을 줄여보려고 갖은 애를 쓴다. 흔히, TV를 보면서 '이 프로만 보고 공부해야지' 또는 '라면을 끓여 먹고 기분 전환을 한 다음 공부할 거야' 혹은 '책상부터 깨끗하게 치우고 나서 공부할 거야' 같이 수없이 다양한 조건부 자기 암시를 건다.

해야 할 일에 바로 착수하지 못하고 다른 일을 하면서 마음을 다스리려고 하는 것이 이해가 되지 않을 수도 있지만, 막판스퍼트형의 입장에서는 나름 노력을 기울이고 있는 것이다. 가령 공부할 마음이 들 수 있도록 스스로를 달래며 여러 가지 준비 행동을 하고 있는 것이다. 그런데 문제는 이런 행동들이 공부하는 것과 직접적인 관련이 없는 소위 '딴짓'이라는 데 있다. 또한 이런 행동을 하고 나면 약간 피곤해지면서 으레 '잠깐 자고 일찍 일어나서 공부할까'처럼 미루고 싶은 또 다른 생각으로 이어지곤 한다. 더구나 결과적으로 일찍 일어나지 못할 때가 많다. 우리 신체는 항상성을 유지하는 놀라운 능력이 있기 때문이다. 결국 변죽만 울리는 소위 '딴짓'만 하다가 정작 목표로 했던 공부는 못하고 시험을 망치게 되는 일이 벌어진다.

왜 그런가? 소위 말하는 '근거 없는 자신감'도 한 몫을 하지만, 보다 근원을 들여다보면 '마음만 먹으면, 또는 하고 싶은 마음만 생기면…… 그러면' 이라고 하는 조건문(If ~ then)에 문제가 있다는 것을 알 수 있다. 조건문은 전제조건이 충족되지 못하면 '영원히' 실행이 되지 않기 때문에, 긍정적인 변화를 원한다면 근거 없는 자신감을 버리고 불필요한 '딴짓'을 멈추어야 한다.

① 딴짓하는 행동고리를 수정하기

이제는 해야 할 일과 '직접적으로 관련된' 작은 행동을 시작해야 할 때이다. 예를 들어, 공부와 관련 없는 TV 보기, 라면 끓여 먹기, 책상 치우기는 그만하고 공부와 직접 관련된 작은 행동(공부할 책을 펼쳐서 적어도 15분 동안 큰소리로 읽는 것 등)부터 시작해보자. 처음에는 무슨 말인지 잘 이해가 되지 않겠지만 한 15분 정도 큰 소리로 읽다 보면 공부하는 행동으로 자연스럽게 이어질 수 있다. 해야 할 일과 직접 관련이 있고 부담감을 자극하지 않는 조그마한 행동부터 시작하라. 256, 257페이지에 딴짓을 멈추고 실질적인 행동으로 들어가기 위한 실습의 예시가 제시되어 있다. 예시에 설명되어 있는 것처럼, 딴짓 행동의 약한 고리를 찾아내 순차적으로 바꿔보면 좀 더 효과적으로 과제에 집중하는 자신을 발견하게 될 것이다.

딴짓하는 행동고리 수정을 위한 작성 예시

여러 가지 일 중에서도 유난히 미루게 되는 일은 무엇인가?
당신이 일을 미룰 때 하는 전형적인 딴짓 행동들은 무엇인가?
반복되는 패턴을 관찰하고 작성해보자.

과제	상반기 우리 팀의 주요 성과 정리하여 김 부장님께 이메일로 전달하기
자동적 사고	'아, 진짜 부담스럽다.'
내가 한 딴짓	책상 앞에서 멍 때리기 ➡ 소파에 눕기 ➡ 유튜브 보기 ➡ 유튜브 추천 채널 구경 ➡ 낮잠
딴짓의 여파	일에 집중해야 할 시간을 딴짓으로 흘려보낼수록 마음은 조급해지고 부담감이 커졌다
최종 결과	결국, 성과 내용 정리를 마치지 못해 메일 전송 마감 당일에 기한 연장을 요청하고 말았다

딴짓 행동들 중 가장 약한 고리를 찾아보자.
약한 고리란, 저도 모르게 딴짓을 하다가도
'나 지금 미루는 행동을 하고 있잖아!' 하고 알아차릴 수 있도록
관찰 가능하고 명확한 단일 행동이어야 한다.

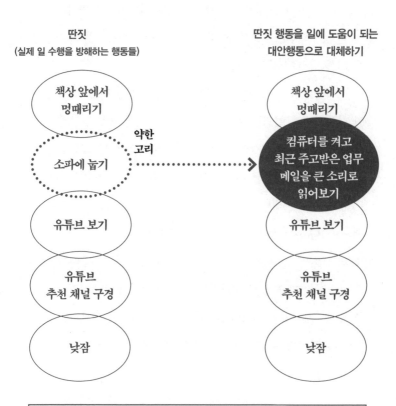

> 약한 고리를 찾았다면 이 행동을 '실제 일 수행에 도움이 되는 행동'으로 대체해야 한다. 도움이 되는 행동은 첫째 일과 직접적인 관련이 있고, 둘째 딴짓과는 아무런 관련이 없으며, 셋째 쉽게 할 수 있는, 넷째 명확한 단일 행동이어야 한다.

※ 연쇄적으로 '다음 딴짓'을 유발하는 중간의 약한 고리를 끊어주면, 실제 일 수행을 방해하는 걸 알면서도 반복하던 딴짓 패턴을 바꿀 수 있다.

② 15분 이하의 구체적인 행동 계획과 리마인더 준비하기

당신이 막판스퍼트형 완벽주의자라면 어떤 행동 계획을 세울 때 15분 이하로 계획할 것을 권한다. 만일 1시간 단위로 시간 계획을 세운다면 이를 실천할 때 부담감이 커지게 되고, 그러다 보면 회피하고 싶어지는 마음이 커질 수 있다. 궁극적으로 해야 할 일과 직접적인 관련성이 있는 15분 이하의 조그만 행동부터 시작하면 일을 실행하는 데 큰 도움이 될 수 있음을 기억하자. 처음 15분을 계획한 대로 성공적으로 보내면 그보다 긴 시간도 잘 해낼 수 있다. 지금부터 1시간을 15분 단위로 4등분해 계획을 세워보자. 그러면 알게 될 것이다. 60분, 즉 1시간은 네 가지 다른 일을 할 수 있는 꽤나 긴 시간이라는 것을 말이다. 259페이지에 있는 '15분 계획법'의 작성 예를 살펴보고 한번 실습해보자.

아울러 어떤 과제(가령 보고서 쓰기)를 해야 한다면 과제를 상기시키는 리마인더reminder를 활용하는 것도 큰 도움이 된다. 단, 리마인더는 책상 앞 보드판에 포스트잇 한 장을 붙여놓는 것만으로는 절대 충분하지 않다. 단 하나의 리마인더는 충분히 무시할 수 있고, 일단 붙여놓고는 다시 안 볼 가능성이 농후하기 때문에 별 실효성이 없다.

이제부터 자신이 움직이는 동선 곳곳과 시선이 머무는 중요한 지점마다 한 장씩 과제에 대한 기억을 일깨워줄 리마인더를

'15분 계획법' 작성 예시

전체 과제	상반기 우리 팀의 주요 성과 정리하여 김 부장님께 이메일로 전달하기
단계별 과제	1.상반기 우리 팀의 성과 내용 종합
1시간 단위 과제	1-1. 상반기 우리 팀 월별 업무일지 종합 1-2. '성과' 항목에 해당하는 내용 항목화 및 분류
15분 단위 과제	1-1. 상반기 우리 팀 월별 업무일지 종합 1-1-1. 컴퓨터를 켜고 회사 인트라넷에 접속 1-1-2. 탑재되어 있는 월별 업무일지 다운로드 1-1-3. '성과' 항목에 해당하는 내용 확인 1-1-4. '성과' 항목에 해당하는 내용만 따로 모으기

붙여보자. 예를 들어 책상 앞, 냉장고 전면, 물병 표면 각각에는 '보고서 제출 기한은 ○월 ○일'이라는 리마인더를 붙여보자. 또한 하루에도 몇 번씩 드나드는 화장실 문 앞에는 '보고서는 어떻게 되었는가?'라는 리마인더를 붙인다. 마지막으로 침대 옆에는 '보고서는 진정 어떻게 되었는가?'라는 리마인더를 붙이자.

이렇게 덕지덕지 리마인더를 붙일 생각을 하니 벌써부터 머리가 아프고, 다소 과하다는 생각이 드는가? 그런 내면의 저항을 이겨내야 꾸물거리는 습관을 고칠 수 있다는 점을 기억하라. 다시 한번 말하지만, '리마인더를 붙인다'라고 말하려면 적어도 이 정도는 해야 효과가 나타날 수 있다.

미루는 습관은 그 뿌리가 깊어서 쉽게 캐낼 수 없기 때문에 강력한 의지를 가지고 의식적으로 노력할 때만 극복할 수 있다. 미루고 싶은 마음의 무게를 이겨낸 작은 성공 경험이 쌓일수록, 과도한 부담감 탈피와 시간 엄수라는 멋진 변화가 막판스퍼트형에게 찾아올 수 있다는 점을 기억하자.

신중함에 유연함을 더하기,
안전지향형

...

    방탄조끼 안전지향형 완벽주의자는 안전함의 추구와 신중함을 특징으로 한다. 이들은 자신이 가치 있는 사람인가를 평가할 때 타인의 평가보다 스스로가 어떻게 생각하는지를 더 중요하게 생각한다. 이들의 지론대로 완벽한 일 처리가 중요한 것은 당연하다. 하지만 안전지향형 완벽주의자는 훌륭한 성취보다 실수를 예방하는 데 온 신경을 집중하기 때문에 자신에게 찾아온 멋진 기회를 아쉽게 놓치는 경우가 많다. 준비는 되어 있으나, 기회를 택하지 않아 벌어지는 안타까운 상황이다.

    또한 이들은 다른 사람들이 실수를 알아채서 창피를 당할까 봐 걱정하는 것이 아니라, 자신의 실수 자체를 용납하기 어려워하는 경향이 있다. 따라서 안전지향형 완벽주의자는 타인을 많이 의식하지는 않지만 자신이 중요하게 생각하는 삶의 영역에서 실수하지 않기 위해 보다 안전하고 신중한 태도로 임하는 유형이라고 할 수 있다.

예측 불가능한 상황에서도 나의 길을 찾아가기

안전지향형은 자기중심이 굳건하고 신중해서 불필요한 실수나 후회할 만한 일을 하지 않고 오점 또한 남기지 않기 때문에 무척이나 듬직한 유형이다. 하지만 안전을 중요시하다 보니 자신에게 익숙하지 않은 일에는 적극적으로 다가서거나 도전하지 않는 측면이 있는데, 이는 더 많은 기회를 놓치는 결과로 이어질 수 있어서 아쉬운 부분이다.

안전지향형 완벽주의자의 경우 불안 수준이 낮고 일 처리를 찬찬하게 잘한다는 강점이 있지만, 신중함이 지나칠수록 돌발상황이나 갑작스러운 사회 변화(코로나19 사태, 취업대란 등)가 발생하면 신속하게 대응하지 못하거나 깜짝 기회가 왔을 때 이를 살리는 순발력이 떨어질 수 있다.

따라서 신중함이라는 강점을 유지하면서도, 급변하는 환경에 대처할 수 있는 순발력과 뜻밖의 기회를 살리는 유연성을 갖추는 것은 안전지향형의 발전적인 변화에 중요한 영향을 미칠 수 있다.

이런 측면에서 살펴볼 만한 개념이 바로 진로심리학자 존 크럼볼츠John Krumboltz가 제안한 '계획된 우연planned happenstance'이다. 이는 의도치 않았던 우연한 사건을 마치 계획했던 기회처럼 변모시키는 능동적인 과정을 말한다. 잘 준비되어 있고 도전적이며 유연한 사고를 하는 사람들은 갑작스러운 위기나 돌발 상황이 벌어졌을 때, 이것을 자신에게 이로운 기회를 만들 틈새로 활용할 수 있다는 것이다.

이러한 점은 안전지향형 완벽주의자에게서는 찾아보기 어려운 부분이다. 특히 급변하는 진로 및 직업 환경(평생직장의 개념이 사라지고 높은 스펙으로도 정규직에 취업하기 어려운 상황)에 보다 유연하게 적응하기 위해서는 우연학습이론에서 강조하는 다섯 가지 우연(대처)기술에 관심을 가지고 예상치 않은 새로운 상황을 맞이했을 때 이러한 기술을 적용해보는 것이 도움이 될 것이다.

- 호기심: 새로운 학습의 기회 탐색
- 인내심: 예기치 않은 좌절 상황에서도 노력 지속
- 유연성: 정해진 목표 계획에 집착하지 않고 상황에 따라 변화 가능

- 낙관성: 새로운 사건을 기회로 받아들이는 긍정적인 시각
- 위험 감수: 불확실한 결과를 두려워하지 않는 행동 실천

안전지향형 완벽주의자를 위한 필자들의 변화 제안은 크게 다음의 두 가지이다. 첫째는 문제점 파악을 위한 '되돌아보기'다. 먼저 내가 과거에 잡지 못하고 흘려보낸 기회가 무엇이었는지를 에피소드 형태로 정리하고, 그다음 주어진 기회를 잡지 않았던 나름의 이유가 무엇이었는지를 정리해보자.

둘째는 변화를 택하기보다 현상을 유지하고 싶어 하는 예방초점 언어(걱정되는 이유)에 새로운 기회를 살릴 수 있는 향상초점 언어(기대되는 이유)를 추가하는 연습을 해보는 것이다. 이 일련의 과정을 통해 안전지향형 완벽주의자는 자신이 무엇을 가장 걱정하고 어떤 측면에서 새로운 변화를 받아들이는 데 주저하는지를 명확하게 파악할 수 있다. 그리고 이를 통해 자신이 얼마나 예방초점 언어에 빠져 있었고, 향상초점 언어를 더 많이 사용한다면 어떤 긍정적인 변화가 가능할지 깨닫게 될 것이다. 먼저, 기회가 찾아왔는데도 안전지향을 추구하다가 놓쳐버린 경우가 무엇이 었는지를 생각해보고, 그 에피소드를 오른쪽의 예시를 참조해서 찬찬히 작성해보자.

위험 요소를 줄이고 현상 유지를 중시하는 태도는 우연을 가장해 찾아온 색다른 기회를 붙잡기 어렵게 했을지도 모른다. 지난 시간을 돌아보고, 과거에 흘려보낸 아까운 기회를 한 가지 떠올려 가능한 상세히 적어보자.

내가 흘려보낸 기회(에피소드):

2년 전 신입사원 시절, C대리님은 나의 직속 사수였다. C대리님은 나와 인간적으로도 잘 맞고, 업무적으로도 배울 점이 참 많은 멋진 사수였다. 당시 C대리님과 나는 기획3팀에 속해 있었는데, 6개월 후쯤 C대리님은 업무 능력을 인정받아 상위 팀인 기획1팀이 주도하는 프로젝트의 일원으로 발탁되었다. C대리님은 그 프로젝트가 잘 성사되면 기획1팀으로 합류할 예정이었다. 평소 나의 기획력과 성실함을 눈여겨본 C대리님은 내게, 자신과 함께 프로젝트에 참여하고 이후에 기획1팀으로 자리를 옮기면 어떻겠느냐는 제안을 해주었다.

장기적인 커리어를 생각해보면, C대리님의 제안은 내게 아주 매력적이었다. 신입사원이 입사한 지 1년도 되지 않아 상위 팀인 기획1팀으로 옮길 기회를 얻는다니, 이건 초고속 승진 기회를 제안받은 것이나 다름없었다. 그렇지만 한편으로는 걱정이 되기도 했다. C대리님이 제안한 프로젝트는 위험 부담이 다소 커서, 계획처럼 성공적으로 성사될지 확신하기 어려웠다. 최악의 경우 프로젝트가 엎어질 수도 있었고, 내가 맡고 있던 일을 제쳐두고 타 팀의 프로젝트에 매진했다가 성과를 내지 못하면 기획1팀으로 자리를 옮기기는커녕 수습해야 할 일들만 늘어날 수도 있기 때문이었다.

나는 고민을 거듭하다. 프로젝트 시작 일주일 전에 C대리님께 새로운 프로젝트에 합류하기보다는 기본적인 업무들을 더 배우는 게 좋겠다고 말씀드렸다. 이후 그 프로젝트는 성공적으로 마무리되었고, C대리님은 계획대로 기획1팀으로 자리를 옮겼다. 그리고 입사 2년차인 나는 아직도 기획3팀에 머물고 있다. 만약 그때 뜻밖에 내게 찾아왔던 기회를 붙잡아 프로젝트에 합류했더라면 지금 어떻게 되었을까?

안전지향형 완벽주의자는 대부분 믿음직스럽고 유능한 사람이다. 가끔 다소 지나칠 만큼 원칙을 고수하는 안전주의가 드러나는 것이 아쉬운 부분이긴 하지만, 대체로 주변에서 좋은 평판을 듣는 사람들이다.

안전지향형은 변화를 잘 받아들이지 못하지만, 그렇다고 언제나 현상 유지만을 바라는 것은 아니다. 이직이나 커리어 전환같은 일의 영역에서, 혹은 깜짝 여행 같은 일상의 영역에서 새로운 변화를 바라는 욕구가 분명히 존재한다. 다만 신중하고 안전지향적인 성격 때문에 고민과 생각이 많고, 변화를 꾀하다가 현재의 상황이 흔들릴지도 모른다는 걱정으로 인해 욕구를 느껴도 변화를 택하지 않는 것뿐이다. 또 한 가지 아쉬운 지점은 성장이 필요한 시점에도 현상 유지와 실수 예방에 더 큰 관심을 두었던 '관성'에 의해 도전하기 어려워한다는 것이다.

과거에 찾아왔던 어떤 기회가 대단히 매력적이라고 생각했음에도 붙잡지 않고 흘려보낸 데는 나름의 이유가 있을 것이다. 당시 어떤 예방초점 언어(구체적인 생각)로 '안전제일'의 결론에 이르게 되었는지 생각나는 대로 모두 적어보자. 예방초점 언어들은 주로 도전했다가 잃을 수도 있는 것에 대한 걱정과 불안을 내포하고 있을 가능성이 크다. 이런 걱정들은 당시에는 타당했던 것이지만, 되돌아 생각해보면 기회를 택함으로써 얻을 수 있는 새로운 이점들을 차단하는 방향으로 진행된 것임을 알 수 있다.

기회를 잡지 못한 이유 작성 예시

어떤 이유로 기회를 흘려보냈는가?
선택은 하나를 택함으로써 나머지 가능성을 포기하는 것을 의미한다. 과거에 찾아왔던 기회를 흘려보낸 이유들을 가능한 상세히 적어보자.

고민을 거듭하다(예시)

- 프로젝트에 '혹해서' 합류했다가 성과를 내는 데 일조하지 못할 수도 있는데, 위험 부담이 너무 큰 게 아닐까? 하던 일이나 열심히 하는 게 낫겠다.

- 프로젝트가 생각처럼 잘 되지 않아서 기획1팀으로 옮길 기회를 얻지 못하게 되면 되레 더 큰 스트레스를 받게 되지 않을까? 괜한 도전은 하지 않는 게 낫겠다.

- 게다가 이 프로젝트는 위험 부담이 큰데, 합류했다가 괜히 뜬구름 잡으려던 사람 꼴이 되지는 않을까? 프로젝트가 잘될 거라는 섣부른 기대는 하지 않는 게 낫겠다.

- 나는 아직 입사 후 1년도 지나지 않은 '생 초짜'인데, 새로운 일을 배우겠다고 프로젝트에 합류하는 것보다는 원칙대로 신입사원이 해야 할 일에 집중하는 게 더 낫지 않을까? 계획대로 지금은 기획3팀에 머무르는 게 좋겠다.

∴ 이런 생각 끝에 결국 나는 새 프로젝트에 합류하기보다는 기획3팀에 남기로 결정했다.

향상초점 언어를 추가하는 연습을 하자

안전지향형 완벽주의자들은 약점이나 위기가 될 수 있는 요소를 남기지 않으려 한다. 그래서 강인하고 빈틈이 없으며 신중함이라는 강점을 운용하며 지속적인 성공을 거두지만, 탁월함의 추구와 높은 포부를 실현하는 면에서 때로 아쉬움을 경험했을 것이다.

색깔 옷은 더 선명하게 하얀 옷은 더 하얗게!

예를 들어 빨래할 때의 원칙이 '색깔 옷은 더 선명하게 하얀 옷은 더 새 하얗게'라고 한다면, 성장지향형 완벽주의자는 더 밝고 더 선명한 결과를 추구하면서 시선이 위를 향해 있는 반면, 안전지향형 완벽주의자는 얼룩을 지우고 티 없이 깨끗한 결과를 추구하면서 시선이 아래를 향해 있는 느낌이다. 안전지향형 완벽주의자의 흰옷은 하얗다 못해 눈이 부실 지경이다. 이제 표백은 충분하니 색깔 옷에 선명한 컬러를 입혀보자. 더 긍정적인 변화의 길로 나아갈 수 있을 것이다.

긍정심리학과 행복 연구자들은 색깔 옷을 선명하게 하는 것 (향상초점)이 행복과 연관된다고 설명한다. 예방에 힘쓰다 보면 아무래도 부정적인 면들에 초점을 맞추게 되기 때문이다. 예를 들어 어떤 상품이 왜 안 팔리는지만 고민하면, 고객이 만족하고 있는 측면은 간과하게 된다. 즉, 단점만 크게 부각되고 장점은 하나도 없는 것처럼 생각되는 것이다. 그러나 모든 사람에게는 부족한 점도 있지만 잘하고 있는 점, 좋은 점도 많다. 스스로 잘하는 것, 성취의 열쇠가 될 강점들을 찾아 발전시키다 보면 자연스럽게 스스로에 대한 자긍심도 커질 것이다. 요컨대 행복하려면 실수나 오점을 방지하는 것만으로는 충분하지 않고, 기대와 설렘을 느낄 수 있는 새로운 도전과 포부를 달성했을 때 느낄 수 있는 생생한 기쁨이 필요하다. 따라서 안전지향형 완벽주의자가 더 행복해지려면 평소 사용하는 내면 언어self-talk 팩(주로 예방초점 언어)에 확장 팩(향상초점 언어)을 추가할 필요가 있다.

향상초점 언어란 '지금보다 더 나아지고 싶다' '실력을 향상시켜야지' 등 현재보다 발전하는 데 집중하고 기대감을 표시하는 것이다. 이는 '실수하면 어떡하지' '결과가 나쁘지 않아야 할 텐데' 하며 실패하지 않는 데 주력하는 예방초점 언어에 비해 자신감이 넘치는 데다 스스로 흥미와 호기심을 느끼는 것과 관련되어 있어서, 혹여 난관에 봉착하더라도 좌절하지 않도록 힘을 북돋아주는 역할도 할 수 있다.

물론 모든 상황에서 향상초점을 억지로라도 적용하라고 권하는 것은 아니다. 본래 성향이 예방초점인데, 향상초점으로 완전히 새롭게 태어나라는 의미는 아니다. 다만 때로 향상초점을 사용하는 것이 좋은 상황이라고 판단되면 의도적으로 향상초점 언어를 시도해보는 연습이 필요하다. 특히 현상 유지를 넘어 탁월함을 추구하고 싶다면 향상초점 언어를 활용해보기 바란다.

다음과 같은 방식으로 연습해보자. 습관처럼 사용해온 예방초점 언어를 위에 적어보고, 아래에는 그 예방초점 언어에 대응하는 향상초점 언어를 적어보자. 처음에는 익숙하지 않아 다소 어색하겠지만, 이 순간만큼은 '기회를 잡아 얻게 될 더 멋진 무언가'를 그리며 낙관적인 태도를 택해보자.

이어서, 예방초점의 관점 대신 (때에 따라, 필요에 따라) 향상초점의 관점을 택하려면 나에게 어떤 것들이 필요할지 구체적으로 적어보자. '용기' 같은 모호한 표현보다는 무엇을 통해 이 용기를 얻을 수 있을지, 구체적인 도구(예: 자금)나 활동(예: 인적 자원의 활용)을 적는 것이 좋다. 용기 내기 위해 필요한 것들을 생각나는 대로 모두 적었다면, 이 중에 이미 가지고 있거나 마음만 먹는다면 당장 할 수 있는 것들에 동그라미를 표시해보자. 273~275페이지에 예시가 제시되어 있으니 참고해보길 바란다.

이와 관련해서 영국 켄트대학교 심리학과 교수인 요아힘 스토버와 동료들의 연구를 살펴보면, 향상초점 성향이 높은 사람들은 도전적인 과제를 성공시킬 확률이 높았다.[64] 스토버 교수팀은 비슷한 신체 능력을 지닌 독일 대학생 122명을 대상으로 '한 발로 점프해서 농구 골대에 공 넣기'라는 기술을 새로 훈련시킨 뒤, 네 차례 수행평가를 시행했다. 그 결과 향상초점 성향이 높을수록 공을 넣을 가능성이 커진다는 것을 확인했다. 반면 예방초점 성향이 높을수록 공을 넣을 가능성이 작아졌다. 이 연구 결과는 탁월함을 추구하는 태도가 실패를 피하려는 태도에 비해 스스로에 대한 자신감을 높이며, 나아가 목표 달성에도 훨씬 유리하다는 것을 보여준다.

즉, 향상초점 언어를 더 많이 사용할수록 도전적인 과제를 해낼 수 있다는 자신감이 높아지고, 실패할 가능성에 치중할 때보다 목표 달성에도 더 유리하다. 이제 안전함을 넘어 과감한 도전을 시작해보자. 유용하고 매력적인 기회 앞에서 실패를 걱정하며 머뭇거리기보다 과감하게 도전할 때 안전지향형 완벽주의자의 성장은 더욱더 가파른 상승세를 그리게 될 것이다.

향상초점 언어 확장팩 추가하기 작성 예시

> 과거의 당신에겐 기회를 붙잡지 않기로 한 이유가 있었다. 하지만 전보다 더 성숙해진 현재의 당신은 다른 선택을 내릴 수도 있다. 어떤 향상초점 언어를 사용하면 목적에 따라 계획된 우연을 적절히 활용할 수 있을까?

예방초점 언어/향상초점 언어

- 그 프로젝트에 '혹해서' 합류했다가 성과를 내는 데 일조하지 못할 수도 있는데, 위험 부담이 너무 큰 게 아닐까? 그냥 하던 일이나 열심히 하는 게 낫겠다.

➡ 모든 일에는 위험 부담이 있어! 프로젝트를 성공시키는 데 내가 크게 기여하지 못할 수도 있지만, 프로젝트팀의 일원이 되는 것만으로도 '기획' 업무에 대해 많은 걸 배울 수 있을 거야.

- 프로젝트에 합류했다가 생각처럼 잘 되지 않아서 기획1팀으로 옮길 기회를 얻지 못하게 되면 더 큰 스트레스를 받게 되는 건 아닐까? 괜한 도전은 하지 않는 게 낫겠다.

➡ 프로젝트가 잘 풀리지 않으면 스트레스를 겪게 될 수도 있겠지. 하지만 지금껏 함께 일해온 C대리님의 판단력이 얼마나 뛰어난지는 내가 가장 잘 알잖아? 그분이 참여하는 프로젝트라면 계획대로 잘 성사될 가능성이 충분해!

- 게다가 이 프로젝트는 위험 부담이 큰데, 합류했다가 괜히 뜬 구름 잡으려던 사람 꼴이 되지는 않을까? 프로젝트가 잘될 거라는 섣부른 기대는 하지 않는 게 낫겠다.

➡ 어느 정도의 위험을 감수해야만 큰 성과를 얻을 수 있다는 건 모두가 다 아는 사실이야. 프로젝트가 실패해 실망하게 될까 봐 조금 걱정이 되긴 하지만, 지금 내게 찾아온 제안에 응한다면 가능성이 현실이 될 수도 있어!

- 나는 아직 입사 후 1년도 지나지 않은 '생 초짜'인데, 새로운 일을 배우겠다고 프로젝트에 합류하는 것보다는 원칙대로 신입사원이 해야 할 일에 집중하는 게 더 낫지 않을까? 계획대로 지금은 기획3팀에 머무르는 게 좋겠다.

➡ 원칙대로 기본적인 업무를 배울 수도 있지만, 이 기회를 잡아 프로젝트에 합류한다면 그곳에서 경험해볼 수 있는 업무들은 훨씬 고차원의 일들이 될 거야. 그렇다면 이 프로젝트를 진행하는 과정은 내 능력을 키울 수 있는 유용한 시간이 될 거야!

나의 자원 알기 '줄글 형' 작성 예시

용기 내기 위해 내게 필요한 것:

1. 제안에 응하기 전에 C대리님께 프로젝트의 성격과 내가 합류한다면 담당하게 될 일에 대한 충분한 설명을 들어보기

2. 프로젝트에 합류해 새로운 일에 매진해야 할 때를 대비해서, 현재 하고 있는 일들을 프로젝트 시작 전까지 얼마나 진행할 수 있을지 현실적으로 파악해보기

3. 나처럼 신입사원 때 대형 프로젝트에 참여한 경험이 있는 동종업계의 경험자를 찾아, 그 경험에 대해 들어보기

나의 자원 알기 '아이콘 형' 작성 예시

용기 내기 위해 내게 필요한 것:

내가 합류한다면
담당하게 될 일에 대해
충분한 설명 구하기

동종업계의 경험자를 찾아,
그 경험에 대해 들어보기

현재 하고 있는 일들을
프로젝트 시작 전까지 얼마나
진행 가능한지 현실적으로 파악하기

다른 사람들과의 접점 만들기,
성장지향형

...

    강철멘탈 성장지향형 완벽주의자는 네 가지 완벽주의자 유형 중에서 성공의 가능성이 가장 높은 유형이다. 자신의 가치를 평가할 때 타인의 눈을 의식하기보다는 자기 스스로의 기준과 판단을 존중하고, 일을 추진할 때도 실패를 회피하는 것보다 발전과 성장을 추구하는 데 중심을 두기 때문에 높은 자신감과 에너지를 활용할 수 있다는 뚜렷한 강점이 있다.

    하지만 이들이 자신의 목표에 집중하다 보면 때로 타인의 마음이나 여러 사람들과의 관계 등에 크게 신경 쓰지 않는 측면이 나타나기도 한다. 이것이 꼭 약점이라고 볼 수는 없지만, 경우에 따라서는 약점이 될 수도 있다. 성장지향형은 많은 경우 자신의 기준을 가장 중요시하기 때문에 다른 사람과 충돌할 수 있다. 물론 성장지향형은 대인관계에서 때로 충돌은 불가피하다고 생각하는 대범한 사람들이다. 하지만 어느 순간 관계에서 소외될 수 있기 때문에 협업 상황에서는 관계에 섬세한 주의를 기울일 필요가 있다.

이전의 성공 경험을 충분히 음미하라

성장지향형 완벽주의자가 더 탁월한 완벽주의자로 거듭나고 싶다면, "색깔 옷은 더 선명하게"라는 표어를 실생활에 적용해보는 것이 좋다. 무슨 뜻인가 하면 그동안 자신이 이루어온 업적, 즉 성공 경험을 음미해보고 성공을 이끌어낸 자신의 강점이 어디에 있는지를 분명하게 확인해보는 것이다. 당신은 어떤 도전을 했고, 성공의 비결은 무엇이었는가? 지난 성공 경험을 구체적으로 생각해보면 내가 지켜나가야 할 강점이 무엇인지, 강점을 활용해 앞으로 무엇이 가능할지, 미래에 어떤 모습이 되고 싶은지를 파악할 수 있다. 성장지향형은 이 과정을 통해 긍정적인 경험을 더욱더 확대 재생산하고 강점을 더 적극적으로 일에 활용할 수 있다. 다음 페이지의 예시를 참고해서 실습해보자.

나의 탁월한 성공 경험 음미하기 작성 예시

> 최근 이룬 성과 중 주관적으로 가장 뿌듯했던 일은 무엇이었는지 구체적으로 적어보자.

나의 성공 경험 하이라이트(에피소드):

얼마 전부터 유행하기 시작한 독감으로 우리 아이 유치원이 갑작스러운 장기 휴원을 결정했다. 나를 포함한 워킹맘들은 낮 시간 동안 아이를 맡길 곳을 찾지 못해 큰 걱정에 빠졌다. 유치원생들은 아직 집중 케어가 필요한 어린아이들이라, 낯선 이에게 아이를 부탁하는 건 도무지 내키지 않았다.

휴원 결정을 듣자마자 장기적인 혼란이 올 것을 재빠르게 예상한 나는 유치원 학부모 연락망을 이용해 같은 반 어머니들에게 신속하게 연락을 취하고, 휴원 기간 동안 워킹맘들이 사용 가능한 반/월차 종류와 재택맘들이 할애할 수 있는 총 보육시간이 얼마나 되는지를 조사하기 시작했다. 무려 스무 명의 일정을 조율하려니 까다로웠지만 엑셀까지 활용해 빈틈없는 시간표를 완성하고, 어머니들의 동의를 구해 각 가정이 돌아가며 공동 보육을 지원하는 자체 '데이케어' 방안을 추진했다.

혹시 모를 관리 소홀로 인해 한 아이라도 독감에 걸린다면 큰 혼란이 생길 것이므로, 회비를 걷어 체온계와 손 소독제, 마스크 등을 꼼꼼히 구비해 각 가정에 보급하고, 아이들이 놀다 다치는 일이 없도록 각 가정 보육공간에 위험한 모서리나 바닥이 미끄러운 곳이 있지는 않은지 꼼꼼하게 체크했다.

나의 신속한 대처 덕분에 성공적으로 데이케어를 시작할 준비를 갖추게 되었고, 어느덧 데이케어를 시작한 지 일주일이나 지났다. 어느 정도 시스템이 안정화된 지금은 같은 반 어머니들로부터 하루에도 여러 통의 감사 문자를 받는다. 데이케어의 성공으로 나의 회사생활에도 지장을 받지 않게 되어서 스스로 대단히 뿌듯하고 기쁘다.

나의 성격 강점 구체적으로 알기 작성 예시

이와 같은 성공 경험이 완벽주의와 관련하여 나의 어떤 성격적 강점을 나타내는지 정리해보자.

- 휴원 결정으로 인한 장기적인 혼란을 재빠르게 예상

- 엑셀까지 활용해 빈틈없는 시간표를 완성, 예상 필요물품 보급, 위험 요소(뾰족한 모서리, 미끄러운 바닥 등) 사전 체크

- 스무 명의 일정을 조율, 같은 반 어머니들의 동의를 구해 데이케어 추진

이처럼 순발력과 꼼꼼함 그리고 소통 및 통솔력은 빠르게 문제를 해결하고 모두의 안정을 도모하는 일을 성공으로 이끈 분명한 강점들이다. 웬만큼 높은 자신감과 순발력을 지닌 사람이 아니라면, 모두가 당황하며 우왕좌왕할 때 체계적이고 전략적이며 꼼꼼하게 문제를 해결하기 쉽지 않다. 이런 강점은 성장지향형 완벽주의자가 사회에서 각광받고 더욱더 성공하는 밑거름이 되어줄 것이다. 이 외에도 완벽주의 성향을 활용해 성공 경험을 하는 사람들이 보이는 강점에는 '자기성장(배움)에 대한 높은 호기심' '자신이 가진 능력과 자원에 대해 감사하는 마음' '어려움 속에서도 위축되지 않는 용기' '시작한 일은 반드시 끝맺는 끈기' '높은 에너지를 발휘할 수 있는 활력' '경거망동하지 않는 신중함' 등이 포함된다.

성장지향형 완벽주의자가 놓칠 수 있는 것

그러나 세상에 단 하나의 결점도 없는 완벽한 사람은 존재하지 않기 때문에 성장지향형 완벽주의자 역시 때로 다음과 같은 애로사항을 경험할 가능성이 있다.

첫째는 자신이 정말 중요하게 생각하는 과제에서 만에 하나 실패했을 때 그 충격이 클 수 있다는 점이다. 따라서 중요한 과제일수록 지나치게 기대수준을 높이지 않도록 조정할 필요가 있다. 둘째는 자신이 설정한 기준과 효율성 및 실질적인 성과를 중요시하는 성장지향형의 특성상 자신과 다른 스타일의 동료들과 협업을 하는 과정에서 어려움을 경험할 수 있다는 점이다. 성장지향형 자신이 다른 사람들에 비해 더 많은 지식과 능력을 가지고 있다 하더라도, 협업을 하는 상황에서는 모두의 장점이 극대화되어야만 최상의 결과를 이끌어낼 수 있다. 한 사람만 과제 수행의 최전방에 나서는 것은 효과적이지 못하다. 또한 성장지향형은 자신이 주도적으로 노력한 만큼 동료로부터 이해와 감사를 받지 못했다고 느끼면 억울한 감정에 빠질 수도 있다.

성장지향형이 간과하기 쉬운 점

- 자신이 정말 중요하게 생각하는 과제에서 실패했을 때 실망감을 크게 느낀다.
- 때로 지나치게 효율성을 추구하고 성과 중심적 및 자기중심적(때로 이기적인) 사고를 한다.

  (예: 여러 단계의 소위 '형식적'인 절차에 대한 피로감과 조급함을 호소할 수 있다.)

- 성과를 중요시하다 보면 때로 직설적인 언어를 사용해서

동료들과 불화를 경험할 수 있다.

- 자신의 손으로 모든 것을 완결 지으려는 특성이 강해서 타인에게 압박감을 줄 수 있다.
- 성과와 관련되지 않는다면 주변 사람들에 대한 관심의 폭이 좁은 편이다.

나와 다른 사람과 더불어 살아가는 법 배우기

성장지향형 완벽주의자의 약점을 줄이는 관건은 협업 과제에서 얼마나 다른 구성원들과 잘 소통하고 시너지 효과를 얻어낼 수 있는가에 있다. 비록 자신의 생각과 판단이 옳다는 확신이 강하게 든다고 하더라도 협업 과제에서는 구성원 모두의 합의를 도출하는 것이 중요하다. 또한 서로의 다른 생각이 첨예하게 대립할 때 소통하고 협상하는 능력이 부족하면, 각자 자신의 주장만 피력하느라 평행선을 달리고 마음만 상하는 불편하고 비효율적인 상황과 맞닥뜨릴 수 있다. 성장지향형의 강점을 발휘하면서, 좀 더 원활하게 관계를 가꾸고 싶다면 다음과 같은 팁을 기억해두자.

성장지향형의 대인간 소통을 위한 팁

- 타인의 말을 충분히 경청한다. 특히 타인이 말에 담긴 감정에 초점을 맞춰 듣는다. 저 말을 하는 상대의 심정은 어떨까? 저 사람의 말에 담긴 진의眞意는 무엇일까? 이를 위해서 평상시 사람들이 사용하는 다양한 감정 형용사 목록을 익혀두면 도움이 된다.

- 나와 다른 스타일의 사람을 만났을 때는 급하게 판단하거나 결정하지 않는 것이 좋다. 상대방의 행동이 잘 이해되지 않을 때는 내가 잘 모르는 그 사람만의 애로사항이 있을 수 있다는 관대한 태도를 유지한다.

- 마음이 불편할 때는 '나-전달법, 즉 나를 주어로 대화를 시작하는 대화법(예: ~~하게 느껴져서 지금 서운하다)'을 사용하는 것이 안전하다. 내가 화났을 때 '너-전달법'(예: 넌 그렇게밖에 할 수 없니?)을 사용하면 불필요한 갈등을 초래할 수 있다.

아울러 성장지향형 완벽주의자로서 더 큰 탁월함을 추구하고 싶다면 다른 사람들의 방식을 자신의 기준에만 맞춰서 평가하지 말아야 한다. 비록 성과를 생각할 때 자신의 기준을 적용하는 게 더 효율적이라는 생각이 강하게 들더라도, 다른 사람의 입장을 고려하는 자세를 유지하려고 의식적으로 노력해야 한다. 성장지

타인의 입장을 이해하는 능력 더하기 작성 예시

최근 주변인(가족, 동료)과 마찰을 빚은 경험을 아래 양식에 맞춰 기술해보자.

대인관계 마찰 상황: 나의 활약으로 추진된 자체 데이케어에서 보육 봉사에는 참여하지 않은 채 무임승차하고 있는 한 학부모와 마찰이 생겼다. 그의 아이가 데이케어에 다녀온 후 얼굴에 상처가 생겼다며 보육공간 관리에 소홀했던 것은 아니냐며, 내게 늦은 밤 전화를 걸어 따지기에 나도 화가 나 언쟁을 벌였다.

나의 심정(감정): 상대 학부모가 보육 봉사는 회피하면서 제 이득만 챙기려고 하는 것 같아 무척 화가 나고 괘씸했다.

상대의 반응에 대한 나의 해석: 늦은 밤 내게 전화를 걸어 언성을 높였다는 건 싸우자는 뜻이나 마찬가지다. 이건 데이케어를 기획 총괄하고 있는 나의 권위에 대한 도전이 틀림없다!

내가 보인 언어적 및 비언어적 행동: 투덜대는 그의 말을 중간에서 끊어버리고 상대 학부모와 마찬가지로 언성을 높여 싸우듯이 대응했다. 밤늦게 전화를 거는 건 예의에 어긋난다며 요목조목 따지고, 그가 염치도 없이 무임승차하고 있다는 사실을 대놓고 상기시켜주었다.

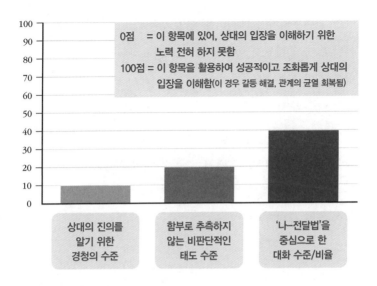

100		
90		
80		
70		
60		
50		
40		
30		
20		
10		
0		

0점 = 이 항목에 있어, 상대의 입장을 이해하기 위한 노력 전혀 하지 못함
100점 = 이 항목을 활용하여 성공적이고 조화롭게 상대의 입장을 이해함(이 경우 갈등 해결, 관계의 균열 회복됨)

상대의 진의를 알기 위한 경청의 수준

함부로 추측하지 않는 비판단적인 태도 수준

'나-전달법'을 중심으로 한 대화 수준/비율

작성 후 느낀 점(예시):

상대방의 '말을 중간에 끊어버리고' 나의 불쾌한 심정만 일방적으로 이야기한 것은 경청의 태도를 저버린 배려심 없는 행동이었다. 싸우자는 뜻으로 해석하고 맞서기보다 그의 아이가 다친 것에 대한 위로와 공감을 먼저 전했더라면, 상대 학부모 또한 언성을 높이지 않았을 테고 서로 좀 더 우호적인 대화를 나눌 수 있었을 거라는 생각이 든다. 다음번에 그 학부모와 대면한다면 다소 머쓱하더라도 부모라는 공통된 입장에서 공감의 표현을 건네고, 그의 입장을 더 들어준 다음 해결책을 찾아봐야겠다.

향형 완벽주의자가 매끄러운 협업 능력까지 갖추게 된다면, 그 야말로 가장 탁월한 성취를 맛보는 최고의 완벽주의자가 될 수 있을 것이다. 284페이지의 예시를 참고해서 타인의 입장을 이해 하는 연습을 시작해보자.

284페이지의 예시와 같이, 최근에 당신이 겪은 대인관계 마 찰 사례를 바탕으로, 세 가지 '다른 사람의 입장을 이해하기' 항 목에 있어 나의 태도와 행동은 어땠는지를 285페이지의 도표 예 시와 같이 상세하게 평가해보자.

관계 형성을 위한 세 가지 중요한 태도

타인과 조화롭게 어우러져 마찰을 줄이기 위해서 무엇보다 중요한 것은 '대화'일 것이다. 성장지향형 완벽주의자가 자신의 목표와 삶의 방식 영역에 대해 타인과 더 잘 소통하기 위해서 알 아야 할 세 가지 대화 규칙이 있다. 이 대화 규칙은 작은 단위로 는 가족에서부터 큰 단위로는 회사 전체에 이르기까지, 타인과 소통이 필요한 다양한 순간에 도움이 될 것이다.

(1) 타인(자녀, 배우자, 동료)의 경험과 의견을 경청하라.

(2) 타인에 대해 우호/긍정적인 태도를 유지하라.

(3) 타인에게 진솔하게 반응하라.

위 세 가지 규칙은 사실 심리 상담자들이 내담자와 신뢰도 높고 상호존중적인 관계를 형성하고 유지하기 위해 사용하는 방법이다. 이 규칙들은 동시에 적용될 때에 그 효과와 의미가 크다. 예를 들어 타인의 의견을 듣더라도 비아냥대는 태도로 듣는다면 아무런 의미 없는 경청이 될 것이다. 우호적인 태도를 유지하면서 그 사람의 의견을 경청해야 하며, 대화하는 중에 나의 내면에서 일어나는 감정, 궁금증 등 자연스러운 내적 반응들을 진솔하게 보일 수 있는 용기를 가져야 한다.

이 진솔함에는 "방금 제게 날카롭게 말하시니 당황스럽네요"와 같이 부정적인 내적 감정을 진솔하게 표현하는 것도 포함된다. 물론 진솔함의 범위는 때와 상황에 따라 조정되어야 하겠지만, 우호적인 태도를 바탕으로 전달된 진솔한 감정은 타인과의 대화를 보다 친숙하고 인간미 넘치게 만들어줄 것이다.

지금부터는 앞서 당신이 선정한 대인관계 마찰 사례에 대해 세 가지 '관계 형성을 위한 태도'를 적용해보는 시간을 가져보자. 특히 마찰이 심화되거나 감정이 상한 채 대화를 끝내게 되었다면, 상대방의 경험과 의견에 대한 경청과 우호적이고 긍정적인 태도 보이기, 그리고 진솔성이라는 세 가지 태도 중 당신이 놓친 것은 무엇인지를 생각해보라. 또한 만약 이를 모두 적용했더라면 어떤 새로운 반응을 보일 수 있었을지를 구체적으로 생각해 적어보자.

타인의 관점을 이해하는 능력 더하기 작성 예시

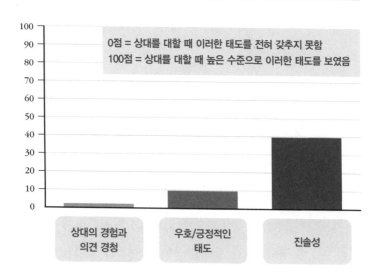

선택한 대인관계 마찰 사례를 바탕으로, 아래 세 가지 '관계 형성을 위한 태도' 항목에 있어 나의 반응에 드러난 태도는 어땠는지 평가해보자.

0점 = 상대를 대할 때 이러한 태도를 전혀 갖추지 못함
100점 = 상대를 대할 때 높은 수준으로 이러한 태도를 보였음

상대의 경험과 의견 경청 / 우호·긍정적인 태도 / 진솔성

작성 후 느낀 점(예시):

마구 화를 낼 때는 내 감정을 숨김없이 매우 진솔하게 표출했다고 생각했는데, 막상 돌아보니 그다지 진솔한 태도로 반응하지는 못한 것 같다. 늦은 밤에 불만 전화를 받아서 당황스러웠던 나의 감정을 먼저 진솔하게 표현한 뒤 상대의 입장을 경청했더라면 대화를 더 부드럽게 풀어나갈 수 있었을 것이라는 생각이 든다.

섭섭하고 당황스러운 속마음 대신 분노 섞인 비아냥거림으로 상대와의 소통을 '차단'해버렸기 때문에 이후의 대화가 우호적으로 이어지기 어려웠던 것 같다. 상대의 사정에 맞추기 위해 내 감정을 숨길 필요까지는 없지만, 대화에서 '이기기 위해' 섭섭함이나 민망함을 분노로 부풀려 섣부르게 화를 내고 있었던 것은 아닌지 스스로 되돌아봐야겠다.

성장지향형 완벽주의자는 주변 사람들에 대한 이해와 관심의 정도만 높인다면 진정으로 행복한 완벽주의자의 표본이 될 수 있는 유형이다. 자기중심이 굳건한 것은 탁월한 성취를 이끌어내는 데는 훌륭한 자질이 되지만, 타인과의 소통과 공감이 없는 진공상태가 계속되면 '세상 혼자 잘난 사람' 혹은 '독불장군'으로 여겨질 수 있다. 아무리 잘난 사람도 더불어 살아가는 관계의 중요성에서 완벽하게 자유로울 수는 없는 법이다. 조금만 다른 사람의 의견과 관점에 관심을 두고 접점을 찾으려는 노력을 기울인다면, 지금보다도 훨씬 더 큰 성공 경험을 쌓는 조화롭고 탁월한 완벽주의자로 거듭날 수 있을 것이다.

완벽주의가 축복이 될 수 있도록

철학자 이마누엘 칸트는 정확하고 규칙적인 삶을 산 것으로 유명하다. 그가 산책하는 것을 보고 시계를 맞추는 사람들이 있었다고 할 정도로, 칸트는 자신의 일과 계획을 철저하게 지키는 완벽주의자였다. 국내 한 TV 프로그램에서 다뤄 화제가 된 '칸트가 결혼을 하지 못한 이유'는 칸트의 완벽주의적 성향이 얼마나 강했는지를 명확하게 보여주는 사례다.

칸트는 젊은 시절 인기가 상당히 많았다. 특히 한 여인이 적극적으로 구애하며, 당시로서는 이례적으로 칸트에게 먼저 청혼을 했다. 그녀의 이런 적극적인 모습에 마음이 흔들린 칸트는 진지하게 결혼에 대해 고민해보기로 결심했다. 그리고 마침내 칸트는 결혼을 해야 하는 이유 354가지와 결혼을 하지 말아야 하는 이유 350가지를 찾아냈고, 이점이 더 크다는 것을 확인한 후 결혼을 하기로 마음먹었다. 하지만 청혼했던 여성을 찾아가 결혼 승낙 의사를 밝힌 칸트는 보기 좋게 거절을 당하고 말았다. 그 이유는 칸트가 7년이라는 아주 오랜 시간 동안 결혼에 대해 고민한 탓에, 청혼했던 여성이 이미 결혼해 두 아이까지 둔 상태였기 때문이다. 결국 무엇이든 철두철미하게 검증해야만 결정을 내릴 수 있는 칸트의 완벽주의 탓에 그는 평생을 독신으로 살았다.

하지만 어느 누구도 칸트의 삶이 실패였다고 말하지 않는다. 근대 계몽주의를 정점에 올려놓았고 독일 관념철학의 기반을 확립한 철학자로서, 칸트와 그의 철학적 관점은 아직까지도 중요한 연구 주제로 수많은 학자들에 의해 재해석되고 있다. 참고로 칸트가 이뤄낸 놀라운 성과와 더불어 타인보다 자신의 결정에 집중하는 모습으로 미뤄 짐작해볼 때, 칸트는 '강철멘탈 성장지향형'에 해당하는 완벽주의자가 아니었을까 싶다.

에필로그에서 칸트의 일화를 꺼낸 이유는, 그의 이야기가 하나에 집중하면 하나를 잃을 수밖에 없는 완벽주의의 양면적 측면을 쉽게 비교해볼 수 있는 좋은 사례라고 생각했기 때문이다. 엉뚱한 상상이지만, 만약 칸트가 결혼을 하지 못한 것에 충격을 받고 철저한 검증이라는 자신의 오랜 습관을 버렸다면 어떤 일이 생겼을까? 어쩌면 후대에 큰 영향을 미친 칸트의 학문적 성취들은 모두 사라지고, 그의 이름 또한 역사적으로 남지 않았을지 모른다. 칸트가 자신의 완벽주의적 성향을 힘들어하며 벗어나고자 노력했는지는 확인된 바가 없다. 명확한 것은 그의 완벽주의적 성향이 놀라운 성취를 이끌어낸 커다란 강점이 되었다는 사실이다.

완벽주의의 양면성을 이겨내기 위하여

그러나 칸트처럼 비범한 존재가 아닌 대다수의 평범한 완벽주의자들은, 이 책에서 살펴본 것처럼 자신의 완벽주의적 성격을 힘겨워하며 딜레마에 빠지기 쉽다. 정말로 완벽하지 않은 것이 '완벽하게 좋은 방법'인지 확신하지 못하면 아무것도 할 수가 없기 때문이다. 완벽주의로 인해 힘들지만 또 완벽함을 지향하는 자신의 모습이 너무나 좋아서, 차라리 완벽주의가 스스로 나를 떠나주면 좋겠다는 생각이 들 수도 있다.

사람에게는 원래 밀고 당기기의 이중성이 있다. 이것을 '접근-회피 동기'라고 하는데, 이는 '정말 잘 해내고 싶어. 하지만 완벽주의 때문에 괴로운 건 너무 힘들어'와 같은 모습으로 나타난다. 그리고 이 과정에서 우리는 두 가지 역설과 마주하게 된다.

첫째는 완벽함의 추구, 즉 '달성하기 매우 어려운 높은 기준을 세워놓고 끊임없이 노력하며 무결점을 추구하는 것'이 바람과는 달리 우리 자신이 불완전하다는 결론으로 이어질 가능성이 높다는 것이다. 둘째는 완벽주의는 양립할 수 없을 것 같은 상반된 두 얼굴을 하고 있다는 것이다. 완벽주의자는 탁월함을 추구하는 행복한 모습과 더불어, 실패에 대한 두려움과 자기 비난이라는 행복과는 거리가 먼 모습을 동시에 지닌다. 따라서 완벽주의를 추구하는 과정은 때로는 성취의 기쁨으로 가득하지만 또다른 때는 자신의 능력에 대한 회의와 우울로 이어질 수도 있다.

사람은 언제 행복해할까? 어떤 학자는 행복한 이와 맛있는 것을 먹을 때라고도 하고 또 다른 이는 좋아하는 사람과 가까이 있으면 행복이 전염된다고도 한다. 심리학자 에드워드 데시Edward Deci와 리처드 라이언Richard Ryan은 우리가 행복해지기 위해서는 세 가지 기본심리욕구인 자율성, 유능성, 그리고 관계성이 충족되어야 한다고 주장했다.[65]

이 중 유능성은 내가 무언가를 잘한다는 사실을 실감하는 것이다. 다시 말해 유능성은 해낼 수 있다는 자신감과 능력을 의미하기에 행복하려면 자발적이고 성장지향적인 '탁월함의 추구'가 필요하다. 그래서 우리는 불행한 완벽주의를 행복한 완벽주의로 변화시킬 필요가 있다.

자신을 믿는 만큼 변화할 수 있다

변화하려면 나 자신을 존중하고 내가 지닌 능력을 자각해야 한다. 즉, 나는 불행한 완벽주의에 시달리지 않을 가치가 있고(자존감), 나에게는 이 상황을 바꿀 수 있는 힘이 있다는 것(자기효능감)을 깨달아야 한다. 이 책을 통해 완벽주의를 여러 각도로 자세히 살펴보고, 네 가지 완벽주의자 유형별로 긍정적인 변화를 위한 구체적인 대안을 생각해보는 시간을 가짐으로써 새로운 삶이 시작되었기를 바란다. 변화한다는 것은 삶이 우리에게 허용한 가장 큰 축복이다. 어떤 완벽주의 유형도 완벽하지는 않다. 강점을 더 돋보이게 하고, 약점을 보완하는 것이 중요하다는 것을 기억하자.

필자들이 《네 명의 완벽주의자》를 통해 바라는 바가 있다면, 이 책에서 소개한 내용들이 독자 스스로 '의식적으로, 합리적으로, 그리고 지속적으로 노력'하는 계기가 되어주는 것이다. 이를 통해 진정한 탁월함을 추구하고 높은 성과를 이끌어내 모두가 행복한 완벽주의자로 변화하는 발판이 될 수 있기를 바란다. 마지막으로 또 다른 완벽주의자인 미켈란젤로의 말로 이 책을 마친다.

작은 일이 완벽함을 만든다.
그리고 완벽함은 작은 일이 아니다.

후주

1) Adler, A. (1956). The neurotic disposition. In H. L. Ansbacher & R. R. Ansbacher (Eds.), The individual psychology of Alfred Adler (pp. 239-262). New York: Harper.

2) Hamachek, D. E. (1978). Psychodynamics of normal and neurotic perfectionism. Psychology: A Journal of Human Behavior, 15(1), 27-33.

3) 강병호(2014). '빨리빨리'의 미학, 현대 한국을 일구다. 주영하 외(2014). 한국인의 문화유전자. 아모르문디.

4) Appleton, P. R., Hall, H. K., & Hill, A. P. (2009). Relations between multidimensional perfectionism and burnout in junior-elite male athletes. Psychology of Sport and Exercise, 10(4), 457-465.

5) 아시아일보(2014. 4. 22), 직장인 67.2퍼센트 회사서 완벽주의 추구.

6) Slade, P. D., Newton, T., Butler, N. M. & Murphy, P. (1991). An experimental analysis of perfectionism and dissatisfaction. British Journal of Clinical Psychology, 30, 169-176.

7) Dews, C. B., & Williams, M. S. (1989). Student musicians' personality styles, stresses, and coping patterns. Psychology of Music, 17, 37-47.

8) Taris, T. W., van Beek, I., & Schaufeli, W. B. (2010). Why do perfectionists have a higher burnout risk than others? The mediational effect of workaholism. Romanian Journal of Applied Psychology, 12, 1-7.

9) Stoeber, J., & Janssen, D. P. (2011). Perfectionism and coping with daily failures: Positive reframing helps achieve satisfaction at the end of the day.

Anxiety, Stress & Coping, 24(5), 477-497.

10) Burns, D. (1980, November). The perfectionist's script for self-defeat. Psychology Today, 34-51.

11) Slaney, R. B., & Johnson, D. G. (1992). The Almost Perfect Scale, Unpublished manuscript, Pennsylvania State University, State College.

12) Slaney, R. B., Mobley, M., Trippi, J., Ashby, J. S., & Johnson, D. G. (1996). Almost Perfect Scale-Revised. Unpublished manuscript, Pennsylvania State University, State College.

13) Dunkley, D. M., & Blankstein, K. R. (2000). Self-critical perfectionism, coping, and current distress: A structural equation modeling approach. Cognitive Therapy and Research, 24, 713-730.

14) Frost, R. O., Martin, P. A., Lahart, C., & Rosenblate, R. (1990). The dimensions of perfectionism. Cognitive Therapy and Research, 14, 449-468.

15) https://en.wikipedia.org/wiki/Aegyo

16) Lee, D-G., & Park, H. J. (2011). Cross-cultural validity of the Frost Multidimensional Perfectionism Scale in Korea. The Counseling Psychologist, 39(2), 320-345.

17) Alden, L. E., Ryder, A. G., & Mellings, T. M. B. (2002). Perfectionism in the context of social fears: Toward a two-component model. In G. L. Flett & P. L. Hewitt (Eds.), Perfectionism: Theory, research, and treatment (pp. 373-391). American Psychological Association.

18) Hamachek, D. E. (1978). Psychodynamics of normal and neurotic perfectionism. Psychology: A Journal of Human Behavior, 15(1), 27-33.

19) https://www.sisajournal.com/news/articleView.html?idxno=194823

20) Frost, R. O., Turcotte, T. A., Heimberg, R. G., Mattia, J. I., Holt, C. S., & Hope, D. A. (1995). Reactions to mistakes among subjects high and low in perfectionistic concern over mistakes. Cognitive Therapy and Research,

19(2), 195-205.

21) Lo, A., & Abbott, M. J. (2013). The impact of manipulating expected standards of performance for adaptive, maladaptive, and non-perfectionists. Cognitive Therapy and Research, 37(4), 762-778.

22) Frost, R. O., & Henderson, K. J. (1991). Perfectionism and reactions to athletic competition. Journal of Sport and Exercise Psychology, 13(4), 323-335.

23) Meyers, A. W., Cooke, C. J., Cullen, J., & Liles, L. (1979). Psychological aspects of athletic competitors: A replication across sports. Cognitive Therapy and Research, 3(4), 361-366.

24) Heatherton, T. F., & Baumeister, R. F. (1991). Binge eating as escape from self-awareness. Psychological Bulletin, 110(1), 86-108.

25) 이동귀 역(2011), 합리적 정서행동치료의 창시자: 앨버트 엘리스. 서울: 학지사. (원 저자: Yankura & Dryden, 1994).

26) Burns, D. D., & Beck, A. T. (1978). Cognitive behavior modification of mood disorders. In J. P. Foreyt et al. (eds.), Cognitive behavior therapy (pp. 109-134). Springer, Boston, MA.

27) Smith, M. M., Saklofske, D. H., Yan, G., & Sherry, S. B. (2015). Perfectionistic strivings and perfectionistic concerns interact to predict negative emotionality: Support for the tripartite model of perfectionism in Canadian and Chinese university students. Personality and Individual Differences, 81, 141-147.

28) Rice, K. G., & Ashby, J. S. (2007). An efficient method for classifying perfectionists. Journal of Counseling Psychology, 54, 72-85.

29) Gaudreau, P., & Thompson, A. (2010). Testing a 2×2 model of dispositional perfectionism. Personality and Individual Differences, 48, 532-537.

30) 노안영(2018). 상담심리학의 이론과 실제. 서울: 학지사.

31) 만약 열아홉 단계 전부를 알고 싶다면 다음 출처를 참고하길 바란다. https://ftw. usatoday.com/2014/06/rafael-nadal-ritual-tic-pick-water-bottles

32) Hollander, M. H. (1965). Perfectionism. Comprehensive Psychiatry, 6, 94-103.

33) Rh'eaume, J., Freeston, M. H., Dugus, M. J., Letarte, H., & Ladouceur, R. (1995). Perfectionism, responsibility, and obsessive-compulsive problems. Behaviour Research and Therapy, 33, 785-794.

34) Baumeister, R. F., & Tierney, J. (2011). Willpower: Rediscovering the greatest human strength. New York: The Penguin Press.

35) Sjåstad, H., & Baumeister, R. F. (2018). The future and the will: Planning requires self-control, and ego depletion leads to planning aversion. Journal of Experimental Social Psychology, 76, 127-141.

36) Mountford, V., Haase, A., & Waller, G. (2006). Body checking in the eating disorders: Associations between cognitions and behaviors. International Journal of Eating Disorders, 39(8), 708-715.

37) Soenens, B., Elliot, A. J., Goossens, L., Vansteenkiste, M., Luyten, P., & Duriez, B. (2005). The intergenerational transmission of perfectionism: parents' psychological control as an intervening variable. Journal of Family Psychology, 19(3), 358-366.

38) Slaney, R. B., & Ashby, J. S. (1996). Perfectionists: Study of a criterion group. Journal of Counseling & Development, 74(4), 393-398.

39) Bandura, A. (1986). Social foundations of thought and action. Englewood Cliffs, NJ.

40) Appleton, P. R., Hall, H. K., & Hill, A. P. (2010). Family patterns of perfectionism: An examination of elite junior athletes and their parents. Psychology of Sport and Exercise, 11(5), 363-371.

41) Maccoby, E. E., & Martin, J. (1983). Socialization in the context of the

family: Parent-child interaction. In P. H. Mussen (ed.), Handbook of child psychology: Socialization, personality and social development (vol. 4, pp. 1-101). New York: Wiley.

42) Oliver, J. M., & Berger, L. S. (1992). Depression, parent-offspring relationships, and cognitive vulnerability. Journal of Social Behavior and Personality, 7(3), 415-429.

43) Moore, G. A., Cohn, J. F., & Campbell, S. B. (2001). Infant affective responses to mother's still face at 6 months differentially predict externalizing and internalizing behaviors at 18 months. Developmental Psychology, 37(5), 706-714.

44) Haase, A. M., Prapavessis, H., & Owens, R. G. (2013). Domain-specificity in perfectionism: Variations across domains of life. Personality and Individual Differences, 55(6), 711-715.

45) Armenta, B. E. (2010). Stereotype boost and stereotype threat effects: The moderating role of ethnic identification. Cultural Diversity and Ethnic Minority Psychology, 16(1), 94-98.

46) https://www.gallup.co.kr/gallupdb/reportContent.asp?seqNo=1097

47) Wood, A. M., Linley, P. A., Maltby, J., Baliousis, M., & Joseph, S. (2008). The authentic personality: A theoretical and empirical conceptualization and the development of the authenticity scale. Journal of Counseling Psychology, 55(3), 385-399.

48) 네이버 지식백과, "퍼스널 컬러" 개념설명: https://terms.naver.com/entry.nhn? docId=270872&cid=42641&categoryId=42641

49) Lewin, K. (1951). Field theory in social science: selected theoretical papers (Edited by Dorwin Cartwright). New York: Harper & Brothers.

50) Walker, S. Y. (1991). The survival guide for parents of gifted kids: How to understand, live with, and stick up for your gifted child. Minneapolis, MN:

Free Sprint.

51) Parker, W. D. (2000). Healthy perfectionism in the gifted. Journal of Secondary Gifted Education, 11(4), 173-182.

52) Walker, S. Y. (1991). The survival guide for parents of gifted kids: How to understand, live with, and stick up for your gifted child. Minneapolis, MN: Free Spirit

53) Taranis, L. & Meyer, C. (2010). Perfectionism and compulsive exercise among female exercisers: High personal standards or self-criticism?. Personality and Individual Differences, 49(1), 3-7.

54) 박현주, 정대용(2010). 상담일반: 완벽주의 하위집단의 특징: 지연행동, 문제해결 평가, 대인관계 문제를 중심으로. 상담학연구, 11(3), 975-991.

55) Govorun, O., Fuegen, K., & Payne, B. K. (2006). Stereotypes focus defensive projection. Personality and Social Psychology Bulletin, 32(6), 781-793.

56) Arkin, R. M., Oleson, K. C., & Carroll, P. J. (Eds.). (2013). Handbook of the uncertain self. New York: Psychology Press.

57) Rhéaume, J., Freeston, M. H., Ladouceur, R., Bouchard, C., Gallant, L., Talbot, F., & Vallières, A. (2000). Functional and dysfunctional perfectionists: Are they different on compulsive-like behaviors?. Behaviour Research and Therapy, 38(2), 119-128.

58) Tversky, A., & Kahneman, D. (1981). The framing of decisions and the psychology of choice. Science, 211(4481), 453-458.

59) Hewitt, P. L., Flett, G. L., Mikail, S. F., Kealy, D., & Zhang, L. C. (2017). Perfectionism in the therapeutic context: The Perfectionism Social Disconnection Model. In J. Stoeber (Ed.), The psychology of perfectionism (pp. 306-330). London, UK: Routledge.

60) Langens, T. A., & Schmalt, H. D. (2002). Emotional consequences of positive daydreaming: The moderating role of fear of failure. Personality and Social

Psychology Bulletin, 28(12), 1725-1735.

61) Fredrickson, B. L. (2003). The value of positive emotions. American Scientist, 91(4), 330-335.

62) Eccles, J. S., & Wigfield, A. (2002). Motivational beliefs, values, and goals. Annual Review of Psychology, 53(1), 109-132.

63) Greenberg, J., Pyszczynski, T., & Solomon, S. (1995). Toward a dual-motive depth psychology of self and social behavior. In M. H. Kernis (Ed.), Efficacy, agency, and self-esteem (pp. 73-99). New York; Plenum Press.

64) 〈조선일보〉(2010.01.10.), '이동귀의 심리학 이야기'. http://newsteacher.chosun.com/site/data/html_dir/2020/01/09/2020010900085.html

65) Deci, E. L., & Ryan, R. M. (2012). Self-determination theory. In P. A. M. Van Lange, A. W. Kruglanski & E. T. Higgins (Eds.), Handbook of theories of social psychology (pp. 416-436). Thousand Oaks, CA: Sage.

네 명의 완벽주의자

초판 1쇄 발행 2021년 2월 22일
초판 8쇄 발행 2024년 9월 26일

지은이 이동귀·손하림·김서영(연세대학교 상담심리연구실)
펴낸이 유정연

이사 김귀분
기획편집 신성식 조현주 유리슬아 서옥수 황서연 정유진 **디자인** 안수진 기경란
마케팅 반지영 박중혁 하유정 **제작** 임정호 **경영지원** 박소영

펴낸곳 흐름출판(주) **출판등록** 제313-2003-199호(2003년 5월 28일)
주소 서울시 마포구 월드컵북로5길 48-9(서교동)
전화 (02)325-4944 **팩스** (02)325-4945 **이메일** book@hbooks.co.kr
홈페이지 http://www.hbooks.co.kr **블로그** blog.naver.com/nextwave7
출력·인쇄·제본 삼광프린팅(주) **용지** 월드페이퍼(주) **후가공** (주)이지앤비(특허 제10-1081185호)

ISBN 978-89-6596-426-1 03180